Antropologia e/como educação

Dados Internacionais de Catalogação na Publicação (CIP)
(Câmara Brasileira do Livro, SP, Brasil)

Ingold, Tim
 Antropologia e/como educação / Tim Ingold ; tradução Vitor Emanuel Santos Lima, Leonardo Rangel dos Reis. – Petrópolis, RJ : Vozes, 2020. – (Coleção Antropologia)

Título original: Anthropology and/as Education
Bibliografia.

2ª reimpressão, 2025.

ISBN 978-85-326-6455-6

1. Antropologia 2. Aprendizagem – Metodologia 3. Educação (Filosofia) 4. Pedagogia I. Título II. Série.

20-33411   CDD-301.01

Índices para catálogo sistemático:
1. Antropologia : Filosofia   301.01

Maria Alice Ferreira – Bibliotecária – CRB-8/7964

Tim Ingold

Antropologia e/como educação

Tradução de Vitor Emanuel Santos Lima e Leonardo Rangel dos Reis

EDITORA VOZES
Petrópolis

© 2018 Tim Ingold
Tradução autorizada a partir da edição inglesa publicada pela Routledge, membro do Grupo Taylor & Francis.

Título do original em inglês: *Anthropology And/As Education*

Direitos de publicação em língua portuguesa – Brasil:
2020, Editora Vozes Ltda.
Rua Frei Luís, 100
25689-900 Petrópolis, RJ
www.vozes.com.br
Brasil

Todos os direitos reservados. Nenhuma parte desta obra poderá ser reproduzida ou transmitida por qualquer forma e/ou quaisquer meios (eletrônico ou mecânico, incluindo fotocópia e gravação) ou arquivada em qualquer sistema ou banco de dados sem permissão escrita da editora.

CONSELHO EDITORIAL

Diretor
Volney J. Berkenbrock

Editores
Aline dos Santos Carneiro
Edrian Josué Pasini
Marilac Loraine Oleniki
Welder Lancieri Marchini

Conselheiros
Elói Dionísio Piva
Francisco Morás
Teobaldo Heidemann
Thiago Alexandre Hayakawa

Secretário executivo
Leonardo A.R.T. dos Santos

PRODUÇÃO EDITORIAL

Anna Catharina Miranda
Bianca Gribel
Eric Parrot
Jailson Scota
Marcelo Telles
Mirela de Oliveira
Natália França
Priscilla A.F. Alves
Rafael de Oliveira
Samuel Rezende
Verônica M. Guedes
Vitória Firmino

Editoração: Elaine Mayworm
Diagramação: Mania de criar
Revisão gráfica: Alessandra Karl
Capa: Felipe Souza | Aspectos

ISBN 978-85-326-6455-6 (Brasil)
ISBN 978-1-315-22719-1 (Inglaterra)

Este livro foi composto e impresso pela Editora Vozes Ltda.

Para a próxima geração, a fim de que possam começar de novo.

Sumário

Prefácio e agradecimentos, 9

1 Contra a transmissão, 15

2 Pela atenção, 38

3 Educação em tom menor, 59

4 Antropologia, arte e universidade, 85

Coda, 115

Referências, 117

Prefácio e agradecimentos

Por cinquenta anos, estudei antropologia; por quarenta anos, eu a ensinei. No entanto, a ideia de que a antropologia não é apenas um assunto a ser ensinado e estudado, mas é educacional em sua constituição, apenas se tornou clara para mim durante a última década. Sua fonte está no crescente reconhecimento do quanto aprendi trabalhando com alunos, pois me dei conta de que a sala de aula é muito mais do que um local de instrução, onde os estudantes podem ser introduzidos às riquezas daquilo que meus colegas gostam de chamar de "conhecimento antropológico". Isso é supor que o trabalho já está feito, posto em uma literatura reunida a partir de contribuições magistrais de antecessores ilustres cujos nomes devemos aprender e cujas palavras citamos. Agora parece-me, pelo contrário, que a sala de aula é um lugar onde grande parte do verdadeiro trabalho antropológico é realizado, um local de transformação criativa em que nos unimos com o pensamento de nossos predecessores, a fim de ir mais longe, além do que eles jamais teriam imaginado. Quanto mais convicto eu estava, no entanto, do valor educacional do trabalho que eu e meus colegas estudantes estávamos realizando juntos, mais ele parecia contrariar as exigências de ensino e aprendizagem estabelecidas no quadro de protocolos institucionais em relação aos quais devíamos estar em conformidade. De acordo com esses protocolos, o ensino é a entrega de conteúdos e, a aprendizagem, a sua assimilação. Mas a educação, me pareceu, é muito mais do que isso. Não é, eu defendo, acerca da transmissão do conhecimento, mas primeiramente sobre conduzir a vida. Para mim, o momento-chave veio com a percepção de que apenas uma vez emancipado dos grilhões do ensino e da aprendizagem o nosso trabalho na sala de aula se tornaria verdadeiramente educacional.

O presente livro é um resultado dessa compreensão. Eu quero provar que o estudo antropológico, como uma forma de viver a vida com os outros, é inteiramente educacional. Isso significa se aventurar além de uma exploração da interface entre as disciplinas de antropologia e educação para defender sua congruência mais fundamental. Minha reivindicação, em suma, é que os princípios da antropologia são também os princípios da educação. Para consolidar esta afirmação, no entanto, é necessário reavaliar esses princípios, em ambos os lados.

Do lado da educação, trata-se de derrubar a visão tradicional da pedagogia como a transmissão intergeracional do conhecimento autorizado. Educação, eu argumento, não é um "inculcar" mas um "libertar", que abre caminhos de crescimento intelectual e descoberta sem resultados predeterminados ou pontos finais fixos. Trata-se de dedicar atenção às coisas, em vez de adquirir conhecimento que nos absolva da necessidade de fazê-lo; é sobre exposição em vez de imunização. A tarefa do educador, então, não é explicar o conhecimento para o benefício daqueles que são, por padrão, supostamente ignorantes, mas prover inspiração, orientação e crítica na busca exemplar da verdade. Do lado da antropologia, minha abordagem contraria a identificação comum da antropologia com a etnografia – para a suposição de que a função dos antropólogos é estudar outros povos e seus mundos. O que torna a antropologia educacional em vez de etnográfica, afirmo, é que não estudamos tanto os outros como estudamos com eles. E tendo estudado com os outros – ou mesmo ao fazê-lo –, outros vêm para estudar conosco. A educação pela qual passamos, num primeiro momento, exige que nós, por nossa vez, tornemo-nos educadores no segundo. Embora possamos chamar o primeiro momento "o campo" e o segundo momento "a escola", ambos são locais de estudo, e nenhum pode existir sem o outro. É por isso que devemos repudiar, de uma vez por todas, a crença de que o que acontece na sala de aula, sob a rubrica de ensino e aprendizagem, é apenas auxiliar de um projeto antropológico cujo objetivo principal é etnográfico. Enquanto a antropologia e a educação permanecerem em lados opostos de uma divisão entre a produção de conhecimento e a sua transmissão, então, em seus efeitos, elas se anularão mutuamente. Pois a pedagogia meramente restaura para a realidade o que a etnografia já extraiu dela, ainda que destituída do potencial criativo da vida. Ao unir forças, no entanto, e reconhecendo seu propósito comum, antropologia e educação têm o poder de transformar o mundo.

O estímulo imediato para escrever este livro veio do nada, na forma de um convite para apresentar as *Palestras de Dewey 2016* ao Centro de Pesquisa em Educação, Aprendizagem e Didática na Universidade de Rennes, França, em fevereiro de 2016. Eu estava honrado e feliz por receber esse convite, que não poderia ter vindo em um momento mais oportuno, logo quando a ideia de antropologia como educação estava começando a se mexer na minha mente. As palestras forneceram a desculpa perfeita para eu trabalhar a ideia e testá-la em um público ávido, simpático e, porém, crítico. Foram quatro palestras, respectivamente intituladas "Educação não é transferência de conhecimento", "Educação e atenção", "Educação em tom menor" e "Educação como correspondência". Como de costume, o tempo que eu pensei que teria para prepará-las não se materializou, e o que apresentei foi pouco mais do que notas grosseiras, postas apressadamente juntas. Não seria exagero admitir que, em grande medida, eu improvisei [minha fala] ao longo do caminho. No entanto, passadas as palestras, eu estava todo animado para escrever o livro, e uma pausa de outras tarefas, nos meses de verão de 2016, eventualmente permitiu-me dar os primeiros passos nessa direção. Em meados de agosto eu estava mais do que na metade. Mais uma vez, no entanto, outros compromissos intervieram, e eu não pude retomá-lo até as vésperas de Natal. Em meados de janeiro de 2017, eu tinha um esboço da coisa toda. Ao planejar o livro, eu decidi me manter próximo ao formato original da palestra: assim, cada capítulo corresponde a uma palestra, e embora (com uma exceção) seus títulos tenham mudado e seus conteúdos desenvolvidos a ponto de se tornarem irreconhecíveis, eles seguem uns aos outros na ordem apresentada.

Uma linha que atravessa todos os quatro capítulos é a filosofia educacional de John Dewey. A oportunidade de fazer uma série de palestras em nome de Dewey não era apenas um privilégio; isso também me proporcionou o incentivo que eu precisava para cumprir um desejo de longa data de me familiarizar melhor com seus extensos escritos. Lendo o trabalho de um dos principais intelectuais do início do século XX, fiquei espantado com a sua presciência, com a sua clareza de expressão, e com a sua convicção em soletrar princípios que são tão convincentes hoje quanto eram há um século. Ainda é um mistério para mim que Dewey seja tão pouco conhecido e tão raramente reconhecido nos círculos antropológicos. Mesmo entre os filósofos, parece que ele foi largamente esquecido. Mesmo assim, girando a roda da redescoberta, encontramo-nos refazendo as estradas que ele já mapeou para nós. Quanta dificuldade nós poderíamos ter evitado a nós mesmos se tivéssemos nos juntamos à sua companhia desde o começo! De fato, com este livro eu ofereço meu pedido pessoal de desculpas ao grande filósofo e educador, ainda que postumamente, por ter chegado tão tarde à sua obra.

Embora a oportunidade de ministrar as *Palestras de Dewey* tenha fornecido o estímulo, as ideias que eu desenvolvo neste livro brotaram principalmente de duas outras fontes. A primeira é um projeto de cinco anos, financiado pelo Conselho Europeu de Pesquisa, intitulado *Conhecendo de dentro: Antropologia, Arte, Arquitetura e Design*, ou KFI [*Conhecendo de dentro – Knowing from the Inside*] para abreviar. A principal ambição do projeto é reconfigurar a relação entre as práticas de investigação e os conhecimentos aos quais elas dão origem, desenvolvendo e testando uma série de procedimentos que permitam que o conhecimento cresça a partir de compromissos diretos, práticos e observacionais com as pessoas e coisas ao nosso redor. Esta maneira de saber – pelo estudo *com* coisas ou pessoas em vez de fazer estudos *sobre* eles – é, sugerimos, o fio condutor que liga a antropologia à prática artística, e às disciplinas de arquitetura e *design*. Ao juntar essas quatro disciplinas, nós procuramos personalizar esta abordagem geral de conhecer para áreas de prática específica, e contribuir com ambos, educação e *design*, para uma vida sustentável através de uma ênfase renovada na criatividade improvisada e na acuidade perceptiva dos praticantes. O projeto começou em 2013 e, embora ainda em curso, uma de suas realizações mais importantes até agora tem sido destacar as implicações da nossa abordagem para a teoria e prática da educação. Também nos levou a uma maneira de fazer antropologia com arte, arquitetura e *design*, que é mais experimental e especulativa do que etnográfica. Em maio de 2016, nos belos arredores de Comrie, Perthshire, colocamos essa abordagem à prova em um programa de discussões, intervenções e experimentos de uma semana. Nós o chamamos de cozinha do KFI. Muitas das ideias inventadas na cozinha chegaram ao livro.

A segunda fonte de ideias para este livro é muito diferente. Em outubro de 2015 iniciei uma campanha – sob o lema "Recuperando nossa Universidade" – para revitalizar a instituição em que trabalho, a Universidade de Aberdeen, como uma comunidade genuína de estudantes e acadêmicos. Havia um sentimento na época de que o senso de comunidade, que sempre foi um dos maiores pontos fortes da universidade, estava sob ameaça de um regime de gestão que parecia inclinado a colocar os interesses corporativos antes da responsabilidade democrática. A ideia era fazer com que todos, instituição afora, falassem sobre o tipo de universidade que queremos, como deveria ser gerida e como alcançar isso. Fizemos esse movimento através de uma série de seminários abertos, com a participação de funcionários e estudantes em todos os níveis, o que emergiu como os "quatro pilares" da universidade vindoura: *liberdade, confiança, educação* e *comunidade*. Não foi o suficiente, nós percebemos, apelar por essas palavras-chave como se elas falassem por si mesmas. Para desenvolver uma visão coerente, precisávamos pensar em profundidade e coletivamente sobre o que elas realmente significavam para nós. O conceito de "liberdade acadêmica", por exemplo, tem sido horrivelmente abusado por aqueles que se apropriariam e o defenderiam como direito exclusivo de uma elite acadêmica. Que tipo de liberdade, tivemos que nos perguntar, nós realmente queremos para nossa universidade? E de novo, o que queremos dizer com "educação" quando falamos de "educação superior", ou da inseparabilidade do ensino e da pesquisa? E o que constitui uma "comunidade" a partir da miscelânea de vozes frequentemente discordantes e disciplinas que são abarcadas pela universidade? Nossas discussões foram apaixonantes, construtivas e – para mim – transformadoras. Nós já tínhamos decidido condensar os resultados em um manifesto e, durante o verão de 2016, eu lutei para redigir suas cláusulas. No dia 25 de novembro de 2016, lançamos o nosso manifesto no cenário altamente simbólico da University's King's College Chapel. Muito do que dizemos por lá encontrou caminho nas páginas seguintes.

Muitas pessoas me ajudaram a escrever este livro. Em primeiro lugar, agradeço a Gérard Sensevy por me convidar para apresentar as *Palestras de Dewey* em Rennes, e seus colegas e alunos por suas respostas e sugestões. Sem o seu ímpeto, o livro nunca teria sido escrito. Eu também tenho uma enorme dívida de gratidão a todos que participaram, uma vez ou outra, no projeto KFI. Há muitos para nomear e eu não poderia destacar alguns enquanto omito outros. Então, com estas palavras eu envio meus agradecimentos a todos: vocês sabem quem vocês são! Além disso, estou extremamente grato ao Conselho Europeu de Investigação pelo financiamento que tornou o projeto possível através da concessão de um Subsídio Avançado (323677 – KFI). Em Aberdeen, sou especialmente grato a todos os "reclamantes" que juntaram-se a mim em nossa campanha para restaurar a universidade à sua comunidade legítima. Embora eu não queira causar constrangimentos, nomeando-os, vocês também sabem quem são, e eu agradeço a todos. No entanto, eu quero nomear três estudiosos que, através de sua presença e publicações, tiveram um forte impacto no meu pensamento e neste trabalho. Eles são Jan Masschelein, Gert Biesta e Erin Manning. Quero agradecer-lhes pela inspiração. Finalmente, dedico este livro às gerações vindouras, incluindo as da minha própria linhagem, o último dos quais – Leo Arthur Raphaely-Ingold – chegou no momento em que este trabalho estava em andamento. Eles são o nosso futuro e eu os quero bem.

Tim Ingold
Aberdeen, fevereiro de 2017.

1
Contra a transmissão

Saindo da escola

Para aqueles de nós criados em sociedades nominalmente ocidentais ou modernas, a palavra "educação" evoca mais comumente memórias de ir à escola. Nós passamos por lá para nos lembrarmos de ser educados: aprender a ler e escrever, a contar e calcular, e por estes meios nos tornarmos conhecedores de todos os ramos do conhecimento, das ciências às artes e letras, que compõem o legado de nossa civilização. Dos nossos filhos, talvez possamos reconhecer que sua educação começa mesmo antes de irem para a escola, nessas instituições pré-escolares, tradicionalmente conhecidas como creches e jardins de infância, onde as sementes da futura aprendizagem são plantadas. E podemos nos ter beneficiado da educação mesmo depois de deixar a escola, frequentando instituições que passam por uma variedade de nomes – faculdades, universidades, politécnicas – que pretendem nos levar "mais longe" ou "mais alto", dependendo de seus *status* acadêmicos, ao longo do caminho para a civilidade. Mas a escola, em nossa avaliação habitual, permanece o principal local de formação educacional, em relação ao qual a pré-escola é entendida como preparação e, a pós-escola, como realização. Em uma sociedade democraticamente constituída, é claramente responsabilidade do Estado assegurar uma provisão educacional adequada aos seus cidadãos, e o ministro da educação é encarregado, acima de tudo, de supervisionar escolas e de regulamentar o que acontece nelas, inclusive o que é ensinado e como.

A prática da educação e a instituição da escola, em resumo, parecem inseparáveis. Não se pode aparentemente ter uma sem a outra. O que devemos dizer, então, das sociedades sem escolas, ou onde apenas uma minoria desfruta do privilégio de frequentá-las? É aceitável dizer de pessoas que não frequentaram a escola que são sem educação, e portanto não civilizadas? Essas pessoas sabem muito que nós, pessoas educadas, não sabemos. Os antropólogos se esforçaram para documentar esse conhecimento, para revelar seus detalhes, sofisticação e precisão, e para descobrir os processos pelos quais ele é adquirido. Eles denunciaram, com razão, a divisão dos povos do mundo em educados e sem educação, civilizados e primitivos. Isto não é mais do que uma reflexão, eles dizem, de preconceito etnocêntrico. O conhecimento difere de cultura para cultura, assim como as instituições que facilitam sua passagem de cada geração para a próxima. A escola é uma dessas instituições, mas há muitas outras. A educação, então, é algo que acontece com todo ser humano que vive em sociedade, enquanto passam da imaturidade à maturidade? Talvez esteja listada ao lado dessas capacidades, inclusive para linguagem e pensamento simbólico, que são consideradas como marcas distintivas da humanidade? Todos os animais aprendem, é claro, no sentido de ajustar suas maneiras de fazer as coisas em resposta às condições prevalecentes do ambiente. No entanto, é algo diferente de criar cenários virtuais em antecipação a condições atualmente não prevalentes, mas que podem vir a ser constatadas em algum momento no futuro, de modo a instruir novatos sobre como lidar com eles. Instrução deliberada deste tipo – ou o que é geralmente conhecido como pedagogia – pode de fato ser exclusivamente humana[1].

Pedagogia é a arte de ensinar. Existem todos os tipos de maneiras de distinguir entre ensino e aprendizagem, ou de mostrar como um excede o outro, dependendo, por exemplo, de o aluno meramente adquirir hábitos a partir de observações do que outros fazem ou se os têm demonstrados deliberadamente, ou se a demonstração é enquadrada em termos de regras ou princípios abstraídos de contextos de aplicação. Aprender a fazer uma ferramenta de pedra lascada na presença de um mestre artesão exemplifica o primeiro; aprender a navegar por meio de mapas de estrelas exemplifica o último[2]. Essas distinções, de grande importância para estudantes de comportamento comparado humano e não humano, não são de interesse imediato para mim neste momento. O que de fato me preocupa é uma suposição que passa por praticamente todas as discussões desses assuntos, nomeadamente que a educação, no seu sentido mais lato, é sobre a transmissão de informações[3]. Para aqueles que defendem que a educação acontece nas escolas, a escola é considerada um espaço isolado no qual o conhecimento é transmitido, antes de sua aplicação quando os alunos o levam para o mundo extraescolar. Para aqueles que sustentam isso, a educação é uma prática de pedagogia que é universal para os seres humanos; quer eles frequentem a escola ou não, a mesma lógica se aplica. A escola pode não ser o único tipo de instituição investida de

---

[1]. David e Ann James Premack (1994) defendem fortemente o argumento a favor da pedagogia em seu sentido estrito para seres humanos. Mas o assunto continua controverso, com alguns autores afirmando ter observado o ensino entre chimpanzés (BOESCH, 1991), e outros achando-o ainda mais amplamente distribuído no reino animal (CARO & HAUSER, 1992). Muito depende de pontos de definição mais precisos, como entre emulação, imitação e ensino propriamente dito (BOESCH & TOMASELLO, 1998; BOESCH, 2003).

[2]. Sobre aprender a fazer ferramentas de pedra, cf. Stout, 2005. Sobre aprender a navegar por gráficos de estrelas, cf. Lewis, 1975; e Turnbull, 1991.

[3]. Cf., p.ex., os ensaios em Bloch, 2005. Para uma crítica, cf. Ingold, 2001.

um propósito pedagógico, mas práticas institucionais alternativas que vão desde a narrativa à iniciação ritual ainda podem ser modeladas a partir dela, pelo menos em termos analíticos, e creditada com uma função equivalente. Assim, pode-se dizer que elas operam de maneira "escolar", para transmitir o legado de costumes, moralidade e crença que se soma ao que chamamos de "cultura" a cada geração sucessiva, de modo que possa posteriormente ser expressa e promulgada na prática da vida cotidiana.

Meu objetivo neste capítulo é argumentar contra a ideia de transmissão, para mostrar que isso não é a maneira pela qual as pessoas comumente entendem o que fazem e que, de fato, ela distorce o propósito e significado da educação. Isto, por sua vez, lançará as bases para o meu próximo capítulo, no qual argumentarei que a educação é em realidade sobre atentar para coisas, e para o mundo. Em suma, quero provar que a educação é uma prática de atenção, não de transmissão – que é através da atenção que o conhecimento é gerado e continuado. Para defender o caso contra a transmissão, começo com os escritos de John Dewey, pragmatista e filósofo, justamente considerado como o teórico educacional preeminente do início do século XX, cujo livro *Democracia e educação* foi publicado exatamente há um século[4].

A continuidade da vida

Quem teria pensado em abrir um tratado sobre educação com a seguinte frase: "A distinção mais notável entre coisas vivas e inanimadas é que as primeiras mantêm-se por renovação"?[5] O ponto de partida de Dewey não é a escola, nem as pessoas, nem mesmo a humanidade. Em vez de partir da ideia de educação como escolaridade e, em seguida, estendendo-se para domínios mais amplos da cultura humana e até mesmo não humana, Dewey prossegue na direção oposta. Para entender o que é educação, ele diz: a primeira coisa a que temos que assistir é a natureza da vida. Nós temos que entender como plantas e animais diferem das pedras. A pedra, castigada pelos elementos, é desgastada ou até quebrada. Mas as coisas vivas, muito pelo contrário, absorvem as energias elementares e substâncias – luz, umidade e terra – as transformam em uma força para seu próprio crescimento e autorrenovação. No entanto, elas não podem continuar com isso indefinidamente, nem podem proceder em isolamento. Toda vida tem a tarefa de trazer outras vidas e sustentá-las por quanto tempo for necessário para que elas, por sua vez, gerem mais vida. A continuidade do processo da vida, portanto, não é individual, mas social. E educação em seu sentido mais amplo, segundo De-

---

4. Dewey, 1966. O livro foi publicado pela primeira vez em 1916.

5. Ibid., p. 1.

wey, é "o meio dessa continuidade social da vida"[6]. Onde e quando a vida estiver acontecendo, assim também está a educação. Esta última está acontecendo, mais estreitamente, nas esferas da vida humana, mais particularmente, na escola.

No entanto, a escola, longe de realizar o imperativo educacional em sua forma mais pura, é apenas um dentre vários meios de assegurar a continuidade social, e de forma relativamente superficial, propensa à distorção que advém do isolamento entre o conteúdo informacional e o conhecimento da experiência de vida através da qual, e somente através dela, pode-se ter qualquer tipo de sentido. Na verdade, a educação no sentido que Dewey pretendia é mais provável de acontecer além da escola do que dentro de suas paredes. O que é verdadeiramente essencial para a educação, segundo Dewey, não é a pedagogia formal, mediada por instrumentos cognitivos especializados como a linguagem e a representação simbólica, mas a transmissão e a comunicação. Estes não são apenas meios que tornam possível a vida social continuar; eles são a essência da própria vida social. A "sociedade", diz Dewey, "não só continua existindo por transmissão, por comunicação, mas pode razoavelmente ser dito que existe na transmissão, na comunicação"[7]. À primeira vista, esta asserção parece de encontro à minha própria ambição para este capítulo, que é precisamente argumentar contra a ideia de educação como um processo de transmissão, e, por implicação, de comunicação. Eu pretendo mostrar que a transmissão é a morte da educação, pois ela retira o coração da vida social. Como, então, posso possivelmente adicionar Dewey em meu apoio? Para responder a esta pergunta, precisamos dar uma olhada mais de perto nos significados destes termos-chave, comunicação e transmissão. Pois os sentidos em que Dewey os emprega não são de maneira alguma os que estão em uso comum hoje, influenciados como foram pelas revoluções em informática e tecnologia de comunicação que dominaram a segunda metade do século XX.

Deixe-me começar com "comunicação". Para a maioria de nós hoje, isso tem a ver com transmitir informações ou enviar mensagens. Eu tenho algo para transmitir: eu codifico em alguma forma física que permita que a mensagem seja transportada para você com distorção mínima; você recebe o pacote e decodifica o conteúdo. Idealmente, você deve acabar tendo exatamente a mesma informação com a qual eu comecei. Eu posso, a meu turno, enviar algo de volta; poderíamos então falar de comunicação como uma troca de informações. Mas não é assim que Dewey entende o termo. Notando a afinidade entre as palavras "comunicação", "comunidade" e "comum", ele se interessa em como os indivíduos com diferentes experiências de vida podem chegar a um acordo – um grau

---

6. Ibid., p. 2.

7. Dewey, 1916, p. 4. Ênfase original.

de mentalidade semelhante que lhes permita conduzir suas vidas juntos[8]. Talvez, seguindo o precedente medieval, pode-se transformar "comum" em um verbo; comunicar seria então "comungar"[9]. Nos contextos da educação, esta comunhão é acima de tudo realizada por pessoas de diferentes gerações. Seu poder educativo, além disso, está no fato de que a informação não passa de uma cabeça para outra sem distorção. Pois se eu for compartilhar minha experiência com você, não é suficiente empacotá-la e enviá-la do jeito que ela é. Você pode receber o pacote, mas isso não o fará ser mais sábio. Para que compartilhar seja educativo, eu tenho que fazer um esforço imaginativo para lançar minha experiência de maneiras que ela possa se juntar à sua, para que possamos – em certo sentido – percorrer os mesmos caminhos e, ao fazê-lo, criar sentido juntos[10]. Não é que você termine com um pedaço de conhecimento implantado em sua mente que já pertenceu apenas a mim; em vez disso, chegamos a uma concordância que é nova para nós dois. A educação é transformadora.

Comunhão e variação

Agora, o que a educação é para a continuidade da vida, no uso de Dewey, a comunicação também é para a transmissão. Uma é o meio para a outra. Embora Dewey tenha menos cuidado em definir "transmissão" do que ele tem para definir "comunicação", é claro que a única coisa que ele não quer dizer pelo termo é o que é convencionalmente usado para significá-lo hoje em dia, ou seja, o transporte, de uma geração para a outra, de um corpo de instruções e representações para a conduta de uma forma de vida. A transmissão é possível, argumenta Dewey, porque vidas se sobrepõem, porque como alguns envelhecem e eventualmente morrem, outros já nascem e crescem. É através da participação recíproca na vida de cada um – através dos esforços contínuos e implacáveis de jovens e velhos,

---

8. Dewey, 1966, p. 4. O ponto-chave, como observa o teórico educacional Gert Biesta ao comentar o texto de Dewey, é que o entendimento comum não é uma condição para a participação: "Não é que precisemos primeiro chegar a uma compreensão comum e só então começar a coordenar nossas ações. Para Dewey, é precisamente o contrário: o entendimento comum é produzido, é o resultado da cooperação bem-sucedida em ação" (BIESTA, 2013, p. 30).

9. A escritora e ativista canadense Heather Menzies fala de comunhão nesse sentido, como "uma maneira de fazer e organizar as coisas como participantes implicados [...] *imersos no aqui e agora do habitat vivo*" (MENZIES, 2014, p. 122-123, ênfase original). Cf. tb. Bollier e Helfrich, 2014, que intitulam sua coleção Padrões de Comunhão [*Patterns of Commoning*].

10. "A experiência", como Dewey coloca, "tem que ser formulada para ser comunicada. Formular requer [...] considerar os pontos de contato que há com a vida do outro para que ela possa ser colocada de modo em que o outro possa apreciar o seu significado. [...] É preciso assimilar, imaginativamente, algo da experiência da outra pessoa para falar-lhe inteligentemente da própria experiência. Toda comunicação é como arte" (DEWEY, 1966, p. 5-6).

imaturos e maduros, para chegar a uma espécie de concordância – que a educação prossegue e os conhecimentos, valores, crenças e práticas de uma sociedade são perpetuados. De fato, Dewey insiste que somente se houver participação de ambos os lados, a educação pode ser levada adiante. As partes sênior e júnior devem compartilhar o risco no resultado. Se não, então o que temos não é educação, mas o que Dewey chama de "treinamento". Você pode treinar um animal doméstico para se comportar da maneira que você quer, recompensando-o, por exemplo, com pedaços de comida. Mas desde que o interesse do animal esteja na comida, não no serviço prestado ao seu dono, isto, então, não significa educação. Demasiadas vezes, lamenta Dewey, os jovens da nossa própria espécie são tratados da mesma forma, a criança é "treinada como um animal ao invés de educada como um ser humano"[11]. Na medida em que tal treinamento molda a matéria-prima de humanos imaturos a um *design* preexistente, embora possa replicar o *design*, não serve para fins educacionais quaisquer que sejam.

Este é o momento de introduzir um terceiro termo que, ao lado da comunicação e da transmissão, desempenha um papel fundamental na filosofia da educação de Dewey. O termo é "ambiente". Sendo a comunicação a comunhão da vida e, a transmissão, sua perpetuação, o ambiente é, então, a sua variação. Ou seja, não é simplesmente o que envolve o indivíduo ou a soma total de condições envolvidas. O que faz um ambiente é a maneira como essas condições são desenhadas, ao longo do tempo, em um padrão de atividade conjunta. Imagine um astrônomo olhando para as estrelas. Para ele, as estrelas, mesmo que remotas, fazem parte do ambiente – elas são dignas de interesse para ele. E sendo motivo de interesse, elas fazem com que ele varie conforme seu olhar vagueia de estrela em estrela. Raciocinando a partir desse exemplo, Dewey conclui que "as coisas com as quais um homem varia são seu ambiente genuíno"[12]. Elas vão junto com ele, e variam conforme ele também varia, de acordo com suas inclinações e disposições. Uma maneira de colocar isso é em termos de pergunta e resposta. As estrelas questionam o astrônomo, elas despertam sua curiosidade, e ele é movido a responder. Essa resposta não é apenas uma reação, como se a uma perturbação da visão irrompesse na consciência, mas uma resposta que prolonga a própria tendência do astrônomo, que reside no desejo de conhecê-las melhor. Podemos dizer, na verdade como Dewey, que o astrônomo corresponde-se com as estrelas. A promessa da educação está na capacidade de responder e ser respondido: sem

---

11. Dewey, 1966, p. 13.

12. Ibid., p. 11. Claro, Dewey poderia muito bem ter escrito sobre "as coisas com as quais uma mulher varia..." Ao longo deste livro, onde quer que o gênero da pessoa seja imaterial, como o é em sua maior parte, eu usei pronomes masculinos e femininos de forma intercambiável – por vezes um, às vezes o outro.

essa "capacidade de resposta", por assim dizer, a educação seria impossível[13]. A ideia de capacidade de resposta é a chave para o meu argumento neste livro e é algo a que retornarei. Por enquanto, gostaria de concluir esta seção estabelecendo a ligação entre comunicação como comunhão e ambiente como variação.

O ponto que quero enfatizar é que não há contradição, como pode parecer à primeira vista, entre esses dois termos. Pelo contrário, a comunhão e a variação são codependentes. Por um lado, não pode haver movimento, crescimento ou vida no compartilhamento da experiência, a menos que haja variação no que cada participante traz para ela. Primeiramente, a conquista da comunalidade não é a descoberta do que os indivíduos têm em comum: é uma criação contínua, não uma regressão a uma origem. Na ausência de variação, a única diferença poderia ser entre aqueles com mais dotes e aqueles com menos, e educação – como uma transferência direta de conhecimentos e valores dos primeiros para os últimos – seria reduzida a treinamento. Como Dewey se esforça para enfatizar, a imaturidade não é uma falta, é um poder específico de crescimento, e o propósito da educação não é preencher um vazio na mente da criança, de elevá-la ao nível do adulto, mas trazer jovens e idosos juntos para que a vida social possa continuar. Assim como quando os jovens envelhecem, compartilhando a sabedoria nascida de uma longa experiência, os velhos tornam-se jovens ao compartilhar da curiosidade congenial, sensibilidade e abertura de mente de seus juniores[14]. Não existe fim para isso: o crescimento só pode ser um meio de crescimento adicional como vida para vida futura. Por outro lado, não pode haver variação sem coparticipação em um ambiente social compartilhado. É na correspondência com os outros – respondendo a eles, não no recebimento do que é transmitido – que cada um de nós vem a si mesmo como pessoa detentora de uma voz singular e reconhecível. Considerando que o treinamento suprime a diferença, ou a admite apenas nas margens como idiossincrasia, a educação promove a diferença como a própria fonte de personalidade.

Resumindo: comunhão e variação dependem uma da outra, e ambas são necessárias para a continuidade da vida. A comunidade educacional é mantida unida através da variação, não pela semelhança. É uma comunidade – não apenas uma convivência, mas literalmente uma doação conjunta (de *com-*, "juntos", mais *-munus*, "dom") – em que todos têm algo para dar precisamente porque eles não têm nada em comum, e em que a coexistência generosa supera a regressão essencialista a uma identidade primordial[15]. "Ter em comum" – como a própria

---

13. Desenhei a frase "capacidade de resposta" dos escritos do compositor John Cage, 2011, p. 10. Cf. tb. Biesta, 2006, p. 70.

14. Dewey, 1966, p. 42-43, 51.

15. Em um volume homônimo, Alphonso Lingis fala da "comunidade daqueles que não têm nada em comum" (LINGIS, 1994). Comunidade tem a ver com ser, não ter. Na mesma linha, Jean-Luc

humanidade – não é uma linha de base, mas uma aspiração; não dada desde o início, mas uma tarefa que exige esforço comunitário. Este esforço exige de todos, jovens e idosos, que se abram para os outros, cada um contribuindo, em suas próprias ações, às condições da vida em comum da qual variações adicionais surgem. Assim, as pessoas de cada geração desempenham o seu papel em estabelecer as condições ambientais sob as quais seus sucessores são criados e crescem em direção à maturidade. E a conclusão de Dewey, com base nesses argumentos, é que a educação não pode ocorrer por "transmissão direta", mas apenas indiretamente, "por intermédio do ambiente"[16].

Mas, na era da informática, é precisamente para a transmissão, e não para a continuidade da vida-em-um-ambiente, que o conceito de transmissão passou a se referir. É por isso que, em nome de Dewey, vou agora pegar em armas contra isso.

O modelo genealógico

Considere a relação entre pais e filhos. Os primeiros podem ser a mãe ou o pai; os últimos, filhos ou filhas. Na linguagem antropológica, o termo técnico para a relação, independentemente do gênero, é filiação. Como, então, devemos descrevê-la? Nos gráficos de parentesco de antropólogos, há muito tempo é convencional descrever a filiação como uma linha vertical conectando dois ícones em forma de diamante. Os ícones representam pessoas, sua forma de diamante significa que eles podem ser homens ou mulheres. Mas qual é o significado da linha? Leva apenas um segundo olhar para perceber que esta representação aparentemente inocente está repleta de suposições escondidas. A primeira é que, na relação de filiação, as vidas dos pais e da criança não são juntadas, mas mantidas bem afastadas. Elas são separadas desde o início, e sempre permanecem assim, nem mais, nem menos. Longe de tentarem entrar em contato ou responderem um ao outro, eles permanecem confinados a seus respectivos lugares, cada um dentro de seu ícone particular. Envelhecer nem afasta os pais da criança, nem os aproxima; crescimento e maturação também não trazem a criança para mais perto dos pais. Em segundo lugar, a linha não é, portanto, uma linha de vida. Seja o que for que ela conduz, não é a vida em si, mas um conjunto de dotes, propriedades ou instruções para vivê-la. E terceiro, já que a linha está lá desde o início, e não cresce ou se estende ao longo do tempo, esses atributos devem ser

---

Nancy insiste para nós reconhecermos o significado apropriado de "ser-em-comum" como "em comum ou com", e não "um ser ou uma essência do comum" (NANCY, 2000, p. 55, ênfases originais). Sobre a etimologia da comunidade como "doando juntos", cf. Esposito, 2012: "Os membros de uma comunidade estão vinculados", escreve Esposito, "pelo dever de uma doação recíproca [...] que os conduz para fora de si mesmos para se dirigirem ao outro" (2012, p. 49).

16. Dewey, 1966, p. 22.

dotados de forma independente e com antecedência em relação ao crescimento e desenvolvimento no mundo. De acordo com o quadro, enfim, a filiação é direta e totalmente não mediada pela experiência ambiental. E a linha? É, claro, uma linha de transmissão. Ao longo dessas linhas, os indivíduos passam a ter posse imediata de atributos (propriedades, dotes, características) que já existem, antes de colocá-los em jogo no negócio da vida. Ou, em uma palavra, eles herdam.

Evidentemente, o gráfico de parentesco aplica uma lógica determinada. É a lógica do que chamei de modelo genealógico, cuja definição é a de que os indivíduos são especificados em sua constituição essencial, independentemente e antes de sua vida no mundo, através da outorga de atributos de ancestrais[17]. Para prevenir qualquer possível mal-entendido, nem por um momento sequer pretendo sugerir que os muitos povos em todo o mundo que gostam de gravar e recitar suas genealogias recorrem a essa lógica[18]. Longe disso! Nas histórias que eles contam sobre seus ilustres antepassados, sobre gerar e ser gerado, cada geração se apoia nisso e toca a próxima, como fibras que – alinhadas longitudinalmente – asseguram a continuidade do todo da corda que vem do passado ao presente[19]. Estas são histórias de vida. O modelo genealógico, por contraste, é um artefato de análise antropológica formal, cuja origem é frequentemente creditada a um dos antepassados mais ilustres da própria antropologia, W.H.R. Rivers. De fato o método que Rivers propôs, nas primeiras décadas do século XX, para a coleta e análise rigorosas de dados genealógicos permanece em uso comum hoje[20]. No entanto, o modelo não é de forma alguma exclusividade da antropologia, e pode ser que a conquista de Rivers tenha sido mais estritamente ter personalizado, para o estudo do parentesco humano, uma maneira de pensar que era já bem estabelecida, pelo menos em todas as ciências da biologia e da psicologia. É ver-

---

17. Para um relato detalhado do modelo genealógico, cf. Ingold, 2000, p. 134-139.

18. Essa confusão entre o modelo genealógico e a recitação de genealogias é exemplificada na discussão de Philippe Descola sobre a transmissão em sua obra-prima, *Beyond Nature and Culture* [*Além de natureza e cultura*] (2013, p. 329-333). Para Descola, a transmissão é, acima de tudo, o que permite aos mortos, através da filiação, conquistar os vivos (ibid., p. 329). É o peso do passado ancestral que sempre pressiona seus descendentes no presente, "passando inexoravelmente de uma geração para a próxima" (ibid., p. 331). Isto é para empregar a palavra "transmissão" no sentido original de continuidade da vida de Dewey. O sentido de transmissão que sustenta o modelo genealógico, no entanto, é exatamente o oposto. Impede qualquer reconhecimento do que o presente deve ao passado para a sua continuação, nem encarrega as pessoas do presente de continuar o trabalho de seus antepassados. Pois, com transmissão nesse sentido, o que é "passado" não é a corrente da vida em si, mas as especificações para vivê-la. Para uma crítica mais extensa, cf. Ingold, 2016a, p. 317-318.

19. Para uma representação esquemática, cf. a Figura 4.6 em Ingold, 2007, p. 118.

20. O artigo de Rivers, "The genealogical method of anthropological inquiry" ["O método genealógico da investigação antropológica"], foi publicado pela primeira vez em 1910 (RIVERS, 1968). Cf. Ingold, 2007, p. 109-116.

dade que, na antropologia recente, o modelo foi submetido a críticas sustentadas, em parte à luz da insistência – entre aqueles com os quais os antropólogos têm trabalhado – que as relações de parentesco não são predeterminadas pela conexão genética, mas sim moldadas na medida em que pessoas vivem juntas, geralmente sob o mesmo teto, e contribuem material e experimentalmente para a formação uns dos outros[21]. Em biologia e psicologia, no entanto, o modelo genealógico continua firme e forte, e em sua maior parte inquestionável.

Em biologia, o modelo perpassa duas distinções semelhantes entre o genótipo e o fenótipo, e entre filogenia e ontogenia. Enquanto que o genótipo deve fornecer uma especificação de projeto formal para o futuro organismo, dado no momento da concepção e codificado no genoma, o fenótipo é uma forma manifesta que surge do crescimento do organismo e de sua maturação em um ambiente específico. Uma premissa fundamental do modelo, original enunciado por August Weismann no final do século XIX (embora em termos que precedem a linguagem da genética moderna), é que apenas os elementos do genótipo, e não do fenótipo, podem ser passados através de uma sequência descendente-ancestral. Assim, a expressão desses elementos está confinada dentro de cada geração ao ciclo de vida do indivíduo. Segue-se que, assim como a filiação é ortogonal ao crescimento e à maturação na antropologia das pessoas, também a descendência é ortogonal à vida, ou a filogenia à ontogenia, na biologia dos organismos. Na psicologia, a mesma lógica é aplicada na distinção clássica entre a aprendizagem social e a individual: a primeira se refere à forma como a informação desprovida de contexto, especificando os padrões da vida cultural, é copiada do tutor ao novato; a segunda se refere às diversas tentativas dos novatos de aplicar as informações já copiadas em ambientes contextuais de ação. De fato, tão perfeita é a compatibilidade entre as versões biológica e psicológica do modelo genealógico que estudiosos sempre propõem teorias sintéticas da evolução biocultural pelas quais as informações genética e cultural passam por caminhos paralelos. É esperado que todo indivíduo herde dois conjuntos de especificações, um estabelecido através de replicação genética e um outro através da replicação – por meio de observação e imitação – de unidades análogas de cultura, que são postas juntas para uma interação subsequente com o ambiente[22].

A fixação nessas teorias no conceito de herança é uma indicação mais segura de que o modelo genealógico está em ação. O modelo, no entanto, é desabilitado por uma falácia que está em seu âmago. Sucintamente exposta pela filósofa da biologia Susan Oyama, a falácia é que as informações devam supostamente

---

21. Cf., p. ex., Bamford e Leach, 2009.

22. Essa ideia de coevolução gene-cultura deu origem a uma extensa literatura. Exemplos representativos são Durham, 1991; Richerson e Boyd, 2008; e Paul, 2015.

"preexistir aos processos que lhes dão origem"[23]. A falácia é tão incapacitante para a ideia de transmissão genética quanto para a sua análoga cultural. Eu começo com a primeira, antes de me voltar para a última, pela qual estou principalmente interessado.

Desfazendo o círculo

O genoma de um organismo, presente em todas as células do corpo, é composto de comprimentos de ácido desoxirribonucleico (DNA) que tem a propriedade singular, dentro da matriz química da célula, de criar cópias com sequências idênticas de bases ácidas. Esta propriedade, notável por si só, não é, porém, tão notável que garanta a conclusão de que a sequência de DNA codifique uma especificação de caráter para o organismo. A replicação da molécula é uma coisa, a reprodução do organismo é uma outra bem diferente, e uma ligação entre elas somente pode ser estabelecida por meio do processo de desenvolvimento ontogenético – isto é, do crescimento e maturação do organismo dentro de um ambiente específico. A ideia do "traço genético" é, portanto, uma contradição em termos, na medida em que atribui, ao que é copiado na inauguração do ciclo de vida, propriedades que só emergem no curso do desenvolvimento. No genótipo, concebido (em contraste com o genoma molecular) como um complexo de traços, o organismo parece estar completo antes mesmo de ter começado, seu ciclo de vida desmoronou num ponto icônico – precisamente como nos mapas de parentesco dos antropólogos. De fato, o genótipo, na verdade, não é mais do que uma descrição formal, independente do contexto, do organismo, sem a variação induzida pelo ambiente. Como tal, não existe em nenhum lugar, exceto na imaginação do biólogo que observa, tendo-o instalado no coração do organismo como um programa ou projeto para desenvolvimento subsequente – isto é, como um *bio-logos* – vê o desdobramento da vida do organismo meramente como uma transcrição, sob condições ambientais específicas, do que foi inscrito no início[24].

A circularidade desse raciocínio não precisa de mais comentários. Chamo a atenção para isso apenas porque uma circularidade equivalente surge sempre que o modelo genealógico é aplicado, por analogia, à tradição aprendida. Para a cópia de características genéticas, o modelo substitui a cópia de traços culturais análogos. E o que a replicação faz para os genes, diz-se que a imitação faz para a cultura. Seja exclusivamente para humanos ou não, a herança cultural deve se basear em um instinto para imitar, que automaticamente provoca comportamento manifesto, testemunhado pelo observador neófito, a ser impresso na mente

---

23. Oyama, 1985, p. 13.

24. Neste parágrafo, resumi argumentos apresentados em maior detalhe em Ingold, 2002.

como um esquema oculto para sua replicação. No entanto, esse apelo ao instinto imitativo, como Dewey apontou há um século, confunde a afinidade que resulta da convivência, com uma força psicológica que a produz. Isto é, ele observou, causticamente, colocar o carro na frente dos bois: "isso tem efeito para a causa do efeito"[25]. Bem assim! De fato, a ideia do "traço cultural" é tão contraditória, em termos, quanto a sua contrapartida genética e pela mesma razão: começa onde termina. O que às vezes é chamado de "tipo de cultura", por analogia com o genótipo, instala-se no início – como um complexo de traços – hábitos ou disposições que só podem surgir através da prática conjunta e da experiência em um ambiente[26]. Assim como o genótipo, o tipo de cultura é uma formalização descritiva do comportamento observado que o analista imagina estar copiado de dentro das mentes dos indivíduos de uma cultura apenas para descobrir que ele é copiado de fora em seu comportamento subsequente (e consequente). Que a aprendizagem exigida na cópia deva ser chamada "social", embora se alegue que preceda a entrada do destinatário no teatro da vida social, e que a aprendizagem que se segue deva ser chamada de "individual", embora seja realizada com outros neste mesmo teatro, apenas destaca a confusão. Teóricos da herança cultural, parece, conseguiram comprimir tudo o que diz respeito ao social para as cabeças dos indivíduos, deixando o ambiente privado de qualquer relacionalidade e invocado por nenhuma outra razão que a de que os indivíduos devam ter algo tangível para interagir.

Tudo isso não é, obviamente, negar que a imitação ou a cópia acontecem entre os seres humanos, e possivelmente entre animais de outros tipos, ou que seja necessário assegurar a continuidade intergeracional. Mas não precedem tanto a prática ambientalmente situada como procedem por via dela. Como Dewey coloca, imitação é "um nome enganoso para compartilhar com os outros do uso de coisas que levam a consequências de interesse comum"[27]. O problema, então, é como transformar a experiência de tal forma que ela possa se juntar à produção de comunalidade. Como podem "os jovens assimilar o ponto de vista dos velhos", pergunta Dewey, ou "os mais velhos fazem os jovens terem mentes semelhantes a si mesmos?" Sua resposta, em sua formulação mais geral, é "por meio da ação do ambiente ao evidenciar certas respostas". Como o ambiente sofre variação contínua, então a pessoa varia em resposta a ele, e vice-versa. Os velhos, em sua maneira

---

25. Dewey, 1966, p. 34.

26. Pelo que sei, essa ideia foi proposta pela primeira vez em 1978 por Peter Richerson e Robert Boyd, em uma contribuição fundamental para a teoria da evolução gene-cultura. "Para prever o fenótipo de um organismo cultural, deve-se conhecer seu genótipo, seu ambiente e seu 'tipo cultural', a mensagem cultural que o organismo recebe de outros indivíduos da mesma espécie" (RICHERSON & BOYD, 1978, p. 128).

27. Dewey, 1966, p. 34.

ou comportamento, variam com os jovens; os jovens, em seus esforços para reproduzirem o que observam, variam com os antigos. Ou, resumindo, o que estamos inclinados a chamar de imitação é na verdade uma modalidade de correspondência. Mas se é assim, então pela mesma razão não pode ser entendida como uma modalidade de transmissão – não, pelo menos, no sentido de transmissão implícito pelo modelo genealógico. É simplesmente impossível, insiste Dewey, as crenças e atitudes que um grupo social cultiva em seus membros imaturos serem "marteladas" ou "engessadas"; elas não podem ser "fisicamente extraídas e inseridas", e elas não podem se espalhar por "contágio direto" ou "inculcação literal". Você pode ser capaz de fazer essas coisas com entidades materiais como unhas, dentes e germes, mas não com ideias cuja formação dependa da experiência[28].

Qualquer que seja a força das restrições de Dewey, elas parecem ter tido pouco impacto na psicologia convencional, cujos profissionais continuam a pensar que elementos de conteúdo mental como crenças e atitudes podem ser extraídas e inseridas da mesma maneira que ele tão vigorosamente procurou refutar, e dedicaram muito esforço à descoberta de mecanismos cognitivos inatos que trariam esse feito milagroso. Alguns psicólogos, juntamente com um punhado de seguidores antropólogos fiéis, e um pouco mais de pessoas da biologia, têm chamando esses elementos mentais de memes. Assim como os genes habitam o corpo e controlam o seu desenvolvimento ontogenético, assim também os memes – afirmam – habitam a mente e controlam o pensamento e o comportamento. Isto não é, na verdade, uma ideia nova. Embora popularizada nas últimas décadas pelo biólogo Richard Dawkins e seus acólitos, essa ideia tem estado presente na literatura há um século ou mais, sua longevidade sendo apenas páreo para a convicção inabalável de seus proponentes de que ela está na vanguarda da ciência[29]. Na verdade, é difícil resistir à conclusão, à qual retornarei abaixo, de que a ideia de transmissão memética é em si uma imagem invertida da racionalidade científica, tal como é refletida no espelho da cultura. Talvez seja por isso que se mostrou tão tenaz por tanto tempo.

Como seguir uma receita

Um defensor antropológico recente da ideia é Dan Sperber, embora ele chame os elementos transmitidos de "representações" em preferência a "memes"[30]. De acordo com Sperber, representações são diretamente contagiosas:

---

28. Todas as citações diretas neste parágrafo são de Dewey, 1966, p. 11.

29. Cf. Dawkins, 1976; e Blackmore, 2000. Para exemplos de propostas anteriores para um análogo cultural do gene, e referências a estes, cf. Ingold, 2016b, p. 299.

30. Sperber, 1996.

elas podem se espalhar através de uma população como uma epidemia, infectando mentes preparadas pela hereditariedade para recebê-las e fazendo com que seus hospedeiros se comportem de maneira conducente à sua propagação posterior – como se você tivesse pegado um resfriado e estivesse inclinado a espirrar. Assim, o ar fica espesso com partículas portadoras de informação, que são captadas, espalhadas e replicadas enquanto lidamos com as coisas do dia a dia. Dentre essas partículas – para citar um dos exemplos favoritos de Sperber – teriam sido, anteriormente, sons falados que codificam instruções para a preparação do molho Mornay. Esses sons, uma vez parte de uma tradição culinária oral, têm sido, hoje, em grande parte deslocados pelos padrões de tinta visíveis nas páginas de livros de receitas. De qualquer maneira, o aspirante a cozinheiro só precisa decodificar os sons ou os padrões para receber as instruções, agora implantadas como representações em sua mente. E para preparar o molho, tudo o que ele precisa fazer é converter essas instruções em comportamento corporal, embora a maneira precisa com que isso é feito pode, é claro, depender de características específicas de sua cozinha[31].

Há, no entanto, uma porém nessa história, que reside nas condições de codificação e decodificação. Se sons ou padronagens de tinta servem como vetores para a transmissão de instruções e, se essas instruções devem ser recebidas na sua totalidade antes de qualquer ato real de cozinha – de que outra forma elas poderiam ser "convertidas em comportamento"? –, então devemos ter alguma maneira de colocar significado em sons e padrões, e de ler o significado deles, que é independente de qualquer contexto de ação. Para reafirmar a questão em termos mais gerais: não pode haver transmissão de informações de um contexto de implementação para outro sem regras de codificação e decodificação que sejam independentes do contexto. Os significados de palavras faladas ou escritas, ou de quaisquer outros símbolos que possam ser usados (como numéricos ou geométricos), devem ser dados com antecedência. Mais uma vez, Dewey já se debruçava sobre o problema muito antes de seus sucessores estarem conscientes disso. Nossa familiaridade com a linguagem falada e escrita, ele observa, é tal que somos facilmente enganados em pensar que o conhecimento pode ser inserido diretamente na mente do outro: "quase parece que tudo o que temos a fazer [...] é transmitir um som para sua orelha"[32]. Apenas sussurre as palavras "derreta a manteiga em uma panela e misture a farinha" e um molho Mornay vai se materializar magicamente! Mas há, como Dewey nos diz, muito mais do que isso.

Pressupondo, para começar, que eu fale sua língua (e, assim, colocando entre parênteses a riqueza de experiências da infância, através da qual temos a

---

31. Ibid., p. 61.
32. Dewey, 1996, p. 14.

posse de nossa língua materna), posso acompanhar o que você diz só porque corresponde à minha experiência, assim como ocorre com a sua, de derretimento e agitação, de manusear substâncias como farinha e manteiga, e de encontrar os ingredientes e utensílios relevantes nos vários cantos da minha cozinha. As instruções verbais da receita, em outras palavras, extraem seus significados nem do seu apego a representações mentais de dentro da minha cabeça, nem de seu apego àquelas dentro da sua, mas do seu posicionamento dentro do ambiente familiar da casa[33]. Verdade, se eu tivesse lido as palavras em um livro de receitas em vez de tê-las no meu ouvido, talvez nunca teria conhecido o autor; de fato, podemos ter vivido distantes no espaço e no tempo. Mas como Dewey observa, a proximidade física em si não cria comunidade: "um livro ou uma carta pode instituir uma associação mais íntima entre os seres humanos separados milhares de quilômetros uns dos outros do que existe entre moradores sob o mesmo teto"[34]. O que importa é que tenhamos experiência para compartilhar. E esse era o argumento de Dewey. Nem sons verbais nem as marcas gráficas da escrita, ele insistiu, vêm com seus significados já anexados; em vez disso eles reúnem seus significados, da mesma forma que as coisas, a partir de sua inscrição na experiência de atividade conjunta. O acordo a respeito do significado das palavras é uma conquista da comunhão: temos que trabalhar continuamente e, por essa razão, é sempre provisório, nunca final.

A experiência que você e eu compartilhamos, ou que eu compartilho com o autor do livro de receitas, é de viajar através de um campo de tarefas associadas. Em outro lugar eu cunhei o termo *"taskscape"** para me referir a este campo[35]. Como placas de sinalização em uma paisagem, as instruções do livro fornecem indicações específicas para os profissionais na medida em que eles percorrem o *taskscape*, cada instrução estrategicamente localizada em um ponto que o autor, olhando para trás em experiências prévias de preparação do prato em questão, considerou uma conjuntura crítica na totalidade do processo. Entre esses pontos, espera-se que o cozinheiro consiga encontrar seu caminho, atenta e responsavelmente, mas sem recurso a regras processuais explícitas – ou, em uma palavra, habilmente. Em si, então, a receita não é conhecimento. Pelo contrário, abre um caminho para o conhecimento, graças à sua localização dentro de um

---

33. Ingold, 2001, p. 137.

34. Dewey, 1996, p. 4-5.

35. Ingold, 2000, p. 198-201.

* O autor utiliza a expressão *"taskscape"* para ressaltar a dinâmica das paisagens. É uma espécie de entrelaçamento de tarefas. Em determinado momento de sua obra, chegou a substitui-la pela palavra trama, mas agora voltou a utilizá-la, para ressaltar o entrelaçamento de diferentes tarefas acontecendo [N.T.].

taskscape que já é parcialmente familiar em virtude de experiências anteriores. Somente quando colocado no contexto de habilidades adquiridas através da experiência é que a informação especifica uma rota que é compreensível e que pode ser seguida de maneira prática, e apenas uma rota assim especificada pode levar ao conhecimento. É nesse sentido que todo o conhecimento é fundado na habilidade. Assim como meu conhecimento da paisagem é obtido andando através dela, seguindo várias rotas sinalizadas, também meu conhecimento de culinária advém de seguir as várias receitas do livro. Isso não é um conhecimento que foi transmitido para mim; é um conhecimento que cresceu em mim enquanto eu segui os mesmos caminhos que os meus predecessores e sob a direção deles[36].

Receitas, nesse sentido, são como histórias. Elas têm uma estrutura narrativa: "primeiro faça isso, depois aquilo; observe, ao fazer isso e aquilo, como a consistência de seus ingredientes muda". E tudo o que eu disse sobre receitas se aplica a histórias também. Os antropólogos estão certos ao chamar a atenção para as funções educativas de contar histórias, em todo o mundo. Mas eles têm errado ao concluir que as histórias são, portanto, vetores para a transmissão codificada de informação que, uma vez decifrada, revelaria um sistema abrangente de conhecimento, crenças e valores[37]. Longe de vir com seus significados já ligados, o significado de histórias – assim como o significado das instruções no livro de receitas – é algo que os ouvintes têm de encontrar por si mesmos, atraindo-as para a correspondência com as suas experiências e histórias de vida[38]. Histórias se sobrepõem, com cada contar de história se inclinando e tocando a próxima. Assim como as vidas acerca das quais elas falam. É assim que elas continuam. Vale a pena relembrar, aqui, a minha distinção anterior entre o modelo genealógico e a recitação de genealogias. Uma nos dá uma sequência conectada de ancestrais e descendentes, na qual cada elo entre pai e filho é uma linha de transmissão. Mas o outro nos dá um correspondência de vidas – ora sobrepostas, ora ultrapassadas – comungando e variando ao longo do caminho. Sendo experienciada em vez de modelada, a filiação não é um elo de uma cadeia, mas um "envelhecer juntos", que continua até que a vida dos

---

36. Ingold, 2001, p. 137-138.

37. Um exemplo é o relato sensível de Donna Eder (2007) sobre a narração de histórias indígenas dos navajos e sua transferibilidade ao contexto institucional da escola ocidental. Embora enfatizando a importância de se concentrar nas práticas de dizer, bem como o conteúdo do que é dito, Eder, no entanto, sustenta que o propósito das histórias é transmitir um conjunto de crenças e significados implícitos que, juntos, consagram os "princípios necessários para viver bem" (EDER, 2007, p. 279, 288). As crenças e significados já estão lá, enterrados nos textos da história, mesmo antes de sua narração.

38. Ingold, 2011, p. 162.

pais é abandonada, altura em que a criança terá encontrado outras vidas com as quais corresponder[39].

Razão e herança

Em vista de todas as objeções que foram levantadas contra a noção de educação como transmissão ou "transporte direto", e não apenas nos escritos de Dewey, sua obstinada persistência exige alguma explicação. O próprio Dewey se perguntou por que, apesar da disseminada condenação da ideia de ensino como uma espécie de decantação, e do aprender como ato passivo de absorção, elas permaneceram bastante arraigadas na prática. Para ele, isso era uma fonte de considerável frustração[40]. Um século depois, não mudou muito. Na escola, ainda se espera que os estudantes sigam um currículo que foi estabelecido com antecedência, e que progridam através de etapas mensuráveis desde o início até a conclusão. Como se alguma lógica inexorável nos impelisse a impor um regime cada vez mais restrito e finito de treinamento pedagógico, ao mesmo tempo em que exaltamos o valor da educação como a estrada real para a iluminação racional. Lembro-me das lições de piano que tive que suportar quando criança. Através de uma mistura de ameaças e incentivos, que não tinham nada a ver com música, eu fui convencido a praticar escalas e arpejos. Desprovido de interesse melódico, eles foram tocados uniformemente e sem expressão. Somente passando por tais movimentos determinados mecanicamente, foi-me dito que eu poderia ter alguma esperança de eventualmente alcançar o virtuosismo e a liberdade expressiva exemplificada pelos mestres do instrumento. Desnecessário dizer que eu abandonei esse regime assim que pude, e obtive muito prazer musical tocando à minha maneira inconstante, mas ainda assim variável desde então. O apelo contraditório para a liberdade e para o determinismo, aqui como em tantos outros campos de atuação, desafia o chamado de Dewey por uma educação dedicada ao crescimento de pessoas na comunidade. Poderia ser que o ideal da iluminação é o que mantém vivo o modelo de transmissão? A história da antropologia fornece uma pista para a resposta.

Dizer que a antropologia há muito tem um problema com o conceito de cultura seria um eufemismo. O problema está no fato de que a mesma palavra com a qual, entre nossa própria espécie, nós exaltamos o refinamento do gosto e das boas maneiras também é rotineiramente aplicado à herança de outras

---

[39]. A expressão "envelhecer juntos" vem da fenomenologia social de Alfred Schütz, que a usou para descrever como consociados, pais e filhos, "estão mutuamente envolvidos na biografia um do outro" (SCHUTZ, 1962, p. 16-17).

[40]. Dewey, 1966, p. 38.

pessoas iletradas cujo pensamento e conduta devem seguir os ditames da tradição[41]. Historicamente, a antropologia se moveu de um extremo ao outro, da célebre definição de "Cultura ou Civilização" com a qual Edward Burnett Tylor abriu sua cultura primitiva de 1871, abrangendo tudo "adquirido pelo homem como um membro da sociedade", ao empréstimo ostensivo de Robert Lowie da mesma definição em sua *História da teoria etnológica*, de 1937, onde a cultura, no entanto, tornou-se "a soma total daquilo que um indivíduo adquire de sua sociedade [...] não por seus próprios esforços criativos, mas como um legado do passado"[42]. Para Tylor, Cultura (sempre no singular e com "C" maiúsculo) era o grande processo civilizacional pelo qual a humanidade se elevou progressivamente, a diferentes graus entre diferentes nações, da superstição grosseira à razão e à iluminação. Lowie, ao contrário, via na cultura uma diversidade quase aleatória de formas habituais de viver e pensar, sendo absorvido sem esforço por sua miríade de portadores. Para toda a cultura humana, a que Tylor chamou de "todo complexo", Lowie substituiu o termo de maneira célebre por "confusão sem fim"[43]. A diferença entre suas respectivas definições depende do que significa dizer sobre a cultura ser "adquirida". O "homem da sociedade" de Tylor, em busca de seu próprio progresso, adquire ativamente conhecimento através de investigação intelectual. O "indivíduo" de Lowie, por outro lado, absorve sem esforço as coisas a que ele estiver exposto, adquirindo sua cultura como uma herança já concluída. Indiscutivelmente, no entanto, foi o próprio projeto de Cultura que precipitou a inércia percebida da tradição cultural. "Homem na sociedade", tendo atingido o cume e observando a paisagem da humanidade de suas alturas olímpicas, vê apenas a "confusão" abaixo de indivíduos envolvidos em seus diversos caminhos, presos pelos legados do passado e sem a energia criativa para sair. Nós temos Cultura e eles não porque eles são tidos pela cultura e nós não somos.

Hoje vemos essa mesma duplicidade nos debates sobre "ciência" e "conhecimento tradicional". Graças aos esforços combinados de antropólogos e seus consultores, agora é amplamente reconhecido que as pessoas que ainda habitam em lugares nos quais vivem da terra, ainda que possam ter se beneficiado um pouco da educação "ocidental", conhecem seus ambientes de maneiras que são extensas, detalhadas e precisas. Seu conhecimento cresce e é cultivado na correspondência, não só de gerações sucessivas, mas também com animais, plantas e a terra. Até cientistas, que anteriormente haviam descartado o conhecimento dos habitantes como muito subjetivo, qualitativo e anedótico para ser de valor, finalmente despertaram

---

41. Em *A invenção da cultura*, publicado pela primeira vez em 1975, Roy Wagner oferece um relato clássico de como cada sentido de cultura precipita o outro (2016, p. 21-27).

42. Cf. Tylor, 1871, I, p. 1; Lowie, 1937, p. 3.

43. Lowie, 1921, p. 428.

para o seu significado potencial. Mas o que a ciência ainda acha difícil de entender é a natureza desse conhecimento. Para o projeto de ciência, concebida como a aquisição de conhecimento através da investigação empírica e análise racional, precipita o seu oposto, ou seja, conhecimento que não apela para a razão, apenas para o legado da tradição. O resultado é que formas de saber as quais nada são senão dinâmicas e abertas vêm a ser reformuladas na imaginação científica como fórmulas fixas, proferidas sem questionamentos e com a autoridade de tempos imemoriais. As próprias pessoas, embora se reconheça que elas sabem, não se espera que elas saibam que sabem. Nem que elas percebam como, sem que elas saibam – através de inúmeras gerações de equívocos-de-cópias-em-transmissão, acidentes de recombinação, e uma peneira de alternativas dependendo das quais são mais bem-sucedidas em fazer com que seus portadores se comportem de maneiras propícias para a sua posterior propagação –, o seu conhecimento torna-se muito bem adaptado à vida nos ambientes que habitam. A cultura se adapta, declaram os cientistas (como se fosse uma grande descoberta e não um reflexo de sua própria razão), de maneira análoga à adaptação por variação na seleção natural no domínio orgânico! Mas as funções adaptáveis do chamado conhecimento tradicional e as forças seletivas que o moldaram, são – de acordo com esta narrativa – evidentes apenas para os cientistas que a enquadraram em primeiro lugar, não para as pessoas que estão aparentemente destinadas a gastar suas vidas em sua implementação[44].

O conhecimento tradicional, em suma, é um artefato da razão científica, precipitado por reivindicação própria da ciência de ter sido transcendido por ela. Assimilado ao tipo de cultura, pertence a um racionalização do comportamento precisamente análoga à racionalização genotípica equivalente do *design* orgânico. Tanto o genótipo quanto o tipo de cultura, como já vimos, são lançados pelo modelo genealógico, que substitui o crescimento e o desenvolvimento pelo binário razão e herança. De um lado do binário estão cientistas e outras pessoas da cultura; do outro lado estão os guardiões do conhecimento tradicional, pessoas na cultura. E se os últimos, não sabendo o que sabem, cruzarem a fronteira entre a tradição e a razão, então, paradoxalmente, eles precisam da ciência para reeducá-los em seu próprio conhecimento, para explicá-lo de volta em termos formais, para que eles possam ver como o conhecimento pode ser usado como um instrumento de gestão racional e para libertá-los dos grilhões do passado. O paradoxo não se limita, contudo, ao diálogo peculiar da ciência e do conhecimento tradicional. Isto é também encontrado nos discursos contemporâneos de educação, onde a mesma fronteira divide a ingenuidade da infância da inteligência adulta. Estamos convencidos de que as crianças devem

---

44. A literatura crítica em torno da ciência e do conhecimento tradicional é extensa. Discussões exemplares podem ser encontradas em Agrawal, 1995; Cruikshank, 1998, p.45-70; Kurttila e Ingold, 2000; e Nadasdy, 2003.

ser educadas para que possam atravessar de uma condição para outra. Para este fim, o mundo que elas conhecem por experiência tem que ser devolvido a elas de forma racionalizada, como um sistema de regras e princípios, ou o que antes eram chamados de rudimentos. Drenados da variação ambiental, esses rudimentos são transmitidos aos estudantes como se eles mapeassem um continente já conhecido, servindo de base territorial para sua própria ascensão à razão. O mundo, supomos, deve ser explicado àqueles que herdarão de nós para que possam se libertar de suas determinações, mas no próprio projeto de explicação nós os vemos – sejam eles habitantes nativos ou crianças – como seres de inteligência inferior a nós mesmos, seres que devem necessariamente confiar no que lhes foi transmitido desde que ainda sejam incapazes de resolver as coisas por si mesmos[45]. Longe de superar a desigualdade presumida da inteligência, a lógica da razão e da herança a reproduz.

De volta à escola

A cultura humana, na imaginação pedagógica, é uma imensa pirâmide. Na sua ponta está a voz da razão, singular e resplandecente. Com sua pretensão de universalidade, a razão é indiferente a variações na experiência daqueles que falam em seu nome. Transcendendo a experiência, fala com uma voz e uma só, e todos os que falam com ela são, portanto, intercambiáveis[46]. Na base da pirâmide, enxames de memes variados competem pelos hospedeiros na boca dos quais vão colocar suas declarações proverbiais, e em cujas mãos eles vão colocar seus modelos prescritos. Esses hospedeiros também não têm voz alguma que possam chamar de sua. Eles são apenas vetores, fadados a transmitir os memes com os quais foram infectados – e qualquer pessoa infectada com o mesmo meme dirá a mesma coisa. Eles não falam por eles mesmos, mas pela cultura. O mundo segundo a pedagogia, em suma, é um teatro de marionetes: acima, a razão, a mestra manipuladora de marionetes, puxa as cordas; abaixo, um elenco heterogêneo de personagens, reunidos a partir dos elementos da tradição transmitida, são obrigados a dançar à sua sintonia. "A razão", como o filósofo Michel Serres ironicamente observa, "nunca descobre, embaixo de seus pés, qualquer coisa além de seus próprios ditames"[47].

---

[45]. Esse é o argumento do filósofo Jacques Rancière, 1991, ao qual retornaremos.

[46]. A comunidade da razão, como diz Biesta, é constituída por uma linguagem comum e uma lógica comum. Isto nos dá uma voz, mas apenas uma voz representativa. [...] Embora importe o que dizemos, não importa quem está dizendo isso, porque na comunidade racional somos intercambiáveis" (BIESTA, 2006, p. 62, ênfase original).

[47]. Serres, 1997, p. xiii.

Considere, por exemplo, o Teorema de Pitágoras, que o quadrado da hipotenusa é igual à soma dos quadrados nos dois lados opostos. Que ele esteja associado ao nome de Pitágoras é, a propósito, envolto nas névoas do tempo, mas veio a representar a quintessência da razão matemática abstrata, para a qual o teorema é um eterno monumento, pois na pedagogia o nome não se refere mais ao personagem histórico. E para esse propósito, em princípio, qualquer nome serviria. Mas o que devemos fazer da "hipotenusa"? Com que frequência qualquer um de nós usa o termo na vida cotidiana? De fato, para a maioria de nós, o Teorema de Pitágoras é apenas uma daquelas coisas que aprendemos a recitar na escola. É uma fórmula para transmissão, não uma demonstração de razão, e, ao recebê-lo como tal, e replicando-o sob demanda, estamos apenas consolidando a impressão de que temos a nós mesmos como seres de inteligência inferior, pelo menos em comparação aos matemáticos. Que ele inclua tal palavra esotérica como hipotenusa – uma palavra raramente ouvida hoje fora do fechado círculo do teorema e sua recitação – serve apenas para confirmar seu afastamento da experiência. O teorema parece existir, nas palavras de Dewey, "em um mundo por si só, não assimilado aos costumes comuns do pensamento e da expressão"[48].

Dewey, vocês devem se lembrar, pensou que deveríamos começar nossa compreensão sobre o que é a educação não da escola, mas da vida. O problema com a educação escolar, em sua estimativa, é que ela tem uma maneira de isolar o que é ensinado do cadinho da experiência vivida a partir da qual o conhecimento real é gerado. O resultado é uma tendência a reduzir conhecimento a informação, transmitida por meio de formas verbais e outras formas simbólicas cujos significados são perdidos naqueles que não têm oportunidade de participar de práticas que podem, em tempos passados e lugares remotos, originalmente ter dado origem a elas. A hipotenusa pode ter sido parte do vernáculo cotidiano dos antigos construtores gregos, mas não é mais assim para as crianças de hoje. Há um perigo permanente, advertiu Dewey, que, na medida em que as escolas se tornem cada vez mais dedicadas à transmissão de informações nessa forma isolada, o que é ensinado e aprendido nelas será separado da vida cotidiana, levando a uma bifurcação entre a excelência técnica e o conhecimento comum pelo qual a paisagem da educação deixará de ser uma de variação contínua, dando lugar a picos de especialização, que surgem de uma base homogênea e isotrópica de senso comum[49]. Examinando a cena um século depois de Dewey ter escrito, é evidente que sua profecia foi catastroficamente cumprida.

No entanto, seria errado ir ao outro extremo e desejar uma sociedade sem escolas. Talvez estejamos presos em um círculo vicioso: talvez precisemos de es-

---

48. Dewey, 1966, p. 8.

49. Ibid., p. 8-9.

colas apenas porque nós as temos, e porque construímos uma sociedade baseada em qualificações que só elas podem prover. Mas é um círculo do qual não somos mais capazes de sair, assim como também não podemos ir de volta a um passado imaginado, quando tudo o que alguém precisava saber poderia ser aprendido através da participação na vida da comunidade. Se isso foi sempre assim, é discutível; mas certamente não é mais assim hoje. O mundo que habitamos atualmente é tão complexo, e coloca demandas tão diversas em seus habitantes, que algumas instituições do tipo são indispensáveis. Além disso, se a educação formal está disponível e é necessária para alguns, ela deve ser assim, para todos, para que aqueles que não se beneficiam não sejam deixados em desvantagem permanente, incapazes de aproveitar as oportunidades de vida de seus contemporâneos educados na escola. A questão, como Dewey deixou bastante claro, não é de como eliminar a escola, mas de como atingir o equilíbrio certo entre os modos formal e informal de educação[50]. E não havia dúvida na mente dele, e na nossa hoje, que o equilíbrio caiu desastrosamente para o lado da escolaridade formal.

Uma consequência desse desequilíbrio é a tendência de pensar a educação exclusivamente na linguagem da pedagogia, e buscar suas precondições em capacidades de simbolização consideradas exclusivas de humanos. É isso que predispõe os antropólogos, trabalhando em sociedades sem escolas, a procurar educação na transmissão de informação simbolicamente codificada, por exemplo, em contextos de narrativa. Inicialmente na posse de idosos, é suposto que a informação seja progressivamente liberada para juniores cujas capacidades mentais são inatamente preparadas para recebê-la. Assim, a diferença original entre juniores e seniores é gradualmente apagada na medida em que os primeiros são "reabastecidos" no nível dos últimos, apenas para que o processo seja repetido na próxima geração. Mas se isso fosse assim – se a única diferença intergeracional fosse entre os graus de herança, ou entre saber mais ou menos de um repertório preexistente –, então a própria vida social teria sido embrutecida. Cortada de sua fonte de nutrição, estaria presa em um retorno de ciclos sempre repetidos de que apenas erros acidentais de transmissão poderiam oferecer esperança de fuga. No entanto, apesar do efeito estultificante, as metáforas da transmissão e da herança continuaram a monopolizar o nosso pensamento, não apenas na antropologia, mas em todo o espectro das Ciências Humanas. Longe de respeitar a diferença, essas metáforas a expressam-na em graus variados de ignorância, ou de crença equivocada ou irracional, vis-à-vis a onisciência da razão científica que acabaria com o processo de comungar e erradicaria toda a diferença, se tivesse o poder de fazer isso.

---

50. "Um dos maiores problemas com os quais a filosofia da educação tem que lidar é o método de manter um equilíbrio adequado entre os modos de educação informal e formal, incidental e intencional" (DEWEY, 1996, p. 9).

Neste capítulo, argumentei, com Dewey, contra a contraposição da razão e da herança a que subscreve o modelo dominante de pedagogia. Este modelo, na verdade, causa uma cisão entre os modos de conhecer e os conhecimentos que eles transmitem. Quem sabe é uma coisa; o conteúdo do que é conhecido é outro. A pedagogia, então, encena seu próprio método, que, em princípio, pode ser especificado independentemente do quem e do o quê da Educação. É equivalente a um método de transmissão, julgado em termos de sua eficiência não em crescimento de pessoas ou de seus conhecimentos, mas na transcrição de conteúdo preexistente de cabeça a cabeça. É minha opinião, ao contrário, que o primeiro lugar para encontrar a educação não está na pedagogia, mas na prática participativa: não nas formas como as pessoas e as coisas são simbolicamente representadas na sua ausência, mas nas formas como são apresentadas e, acima de tudo, como respondem umas às outras, nas correspondências da vida social. O conhecimento cresce acompanhando linhas de correspondência: em comunhão, onde se juntam; e em variação, em que cada um vem a si. Todo modo de saber, então, é uma linha de vida distinta, uma trajetória biográfica. Segue-se que tornar-se conhecedor é parte integrante de se tornar a pessoa que você é. Isto é o que o traz à tona quando você pensa, é com sua mente e não com a de outra pessoa; que quando você fala é com a sua voz; que quando você escreve é com a sua mão. A educação democrática, em suma, é a produção não do anonimato, mas da diferença. Não é o que nos torna humanos, pois como criaturas nascidas do homem e da mulher somos todos humanos desde o início. É o que nos permite que os seres humanos coletivamente se façam, cada um em seu caminho. É um processo não de tornar-se humano, mas de devir humano. E como vou mostrar no próximo capítulo, isto significa que devemos deixar de considerar a educação como um método de transmissão, e pensar nela como uma prática de atenção.

2
Pela atenção

O princípio do hábito

Nós, seres humanos, não apenas vivemos nossas vidas. Nós as levamos. Essa é a diferença entre *bios* e *zōē*, entre a vida vivida como uma história e a vida ligada aos ciclos da natureza[51]. Se animais não humanos, pelo menos de alguns tipos, também podem conduzir suas vidas, é uma questão para a qual nós atualmente não temos uma resposta certa e, embora de grande interesse e importância, não irei abordá-la aqui. O que presentemente me preocupa é a diferença, o excesso do conduzir sobre o viver, não a questão de onde traçar a linha, se de fato alguma pode ser traçada, entre criaturas que conduzem e criaturas que vivem a vida. Eu quero saber o que significa conduzir a vida, em que sentido isso supera o que já existe, em que sentido tem um passado e um futuro, e uma noção de sua direção própria. Para tanto, afirmo, é fundamentalmente a questão da educação. A palavra "educação", afinal, é derivada do latim *ducere*, "liderar", embora o significado do *"e"* que prefixa é um assunto mais complicado para o qual retornarei. No último capítulo eu argumentei que conduzir a vida não tem a ver com transmissão. Pelo contrário, a transmissão fecha a vida para baixo, limitando-a à replicação de rotinas já existentes. Na melhor das hipóteses, é uma modalidade de treinamento, não de educação. Neste capítulo eu argumento que o que realmente faz a diferença entre conduzir a vida e viver é a atenção.

Tal como acontece com a "educação", vale a pena notar a derivação da palavra, que mais uma vez devemos ao latim. "Atenção" vem do *ad-tendere*, que significa literalmente "alongar (*tendere*) em direção a (*ad*)". É o alongamento da vida que busco. Todos sabemos o que isso significa, intuitivamente, quando nos esforçamos para ouvir um som distante. Embora em um sentido puramente mecânico, o som alcança os nossos ouvidos, que estão firmemente cimentados em nossas cabeças; a sensação que temos é de que somos nós que alcançamos a fonte do som, como se todo o corpo fosse ele mesmo um ouvido elástico que sente em

---

51. Eu suscito aqui a discussão de Hannah Arendt (1958, p. 97) sobre o sentido da vida. Cf. tb. Ingold, 2015, p. 125-129.

sua tensão o esforço do alongamento. Nós dizemos que não apenas ouvimos, mas escutamos ativamente[52]. Esse é um significado de atentar. Mas a palavra tem uma série de significados relacionados que são igualmente importantes para o que vou ter a dizer. Estes incluem: cuidar de pessoas ou de coisas, de uma forma que é ao mesmo tempo prática e obediente; esperar, na expectativa de uma chamada ou convocação; estar presente, ou entrar em presença, como em uma ocasião; e ir junto com os outros, como na adesão ou acompanhamento. Além de tudo isso, no entanto, eu gostaria de dar um significado adicional para o alongamento da vida – um temporal – pelo qual, com *bios*, a vida não é meramente vivida no aqui e agora, mas é esticada por uma memória do futuro que se permite que cada momento presente possa ser um novo começo. Para esta lembrança imaginativa, ou imaginação mnemônica, introduzirei o termo "saudade". Saudade, no meu uso, é outra palavra para o alongamento de uma vida, ao longo de uma linha.

Para começar, no entanto, gostaria de voltar a John Dewey e ao que ele tinha a dizer sobre a continuidade da vida, especificamente em seu trabalho posterior sobre a *Arte como experiência*[53]. Aqui ele delibera longamente sobre o significado de dois termos que serão igualmente de grande importância para a minha argumentação, nomeadamente "fazer" e "passar por"[54]. Em toda experiência, nos diz Dewey, deve haver um elemento de ambos. O problema é descobrir a relação entre eles, pois na percepção dessa relação está o trabalho da consciência. Não pode ser que eles meramente alternem, pois, se assim fosse, não haveria nenhum padrão para experimentar: não haveria mais do que uma série de episódios desconectados. A perspectiva de Dewey é de que a vida é contínua, em vez de episódica, precisamente porque o passar por algo não está confinado dentro, mas sim transborda todo fazer. Nesse sentido, as ações que empreendemos no mundo – as coisas que fazemos – assumem e extraem alguns dos seus significados das coisas pelas quais passamos no curso de feitos anteriores, ou pelas quais passamos sob condições ambientais que essas ações causaram. E, por outro lado, o que atualmente enfrentamos na realização dessas ações, e as consequências ambientais que elas trazem a seu turno, se sustentam em fazeres posteriores. O processo de viver, para citar Dewey longamente,

> [...] possui continuidade porque é um processo eternamente renovado de agir sobre o ambiente e de ser afetado pelo mesmo, juntamente com a instituição das relações entre o que é feito e as coisas pelas quais passamos. [...] O mundo que experienciamos torna-se parte integrante do eu

---

52. Sobre a distinção entre escutar e ouvir, cf. Home-Cook, 2015, p. 24-29. Cf. tb. Ingold, 2000, p. 277.

53. Dewey, 1987. Este trabalho foi originalmente publicado em 1934.

54. Ibid., p. 47-58. Cf. tb. Ingold, 2015, p. 125-129.

que age e age de acordo com a experiência. Em sua ocorrência física, as coisas e os eventos experienciados passam e se vão. Mas algo do seu significado e valor é mantido como parte integrante do eu. Através de hábitos formados no intercurso com o mundo, nós também habitamos-dentro do mundo. Ele torna-se um lar e o lar faz parte de todas as nossas experiências[55].

Nesta passagem, além de "fazer" e "passar por", Dewey apresenta um terceiro termo que também é crítico para o argumento que desenvolvo aqui. Isto é o "hábito". O termo é notoriamente ambíguo, geralmente referindo-se ao que faz as pessoas fazerem as coisas e ao que é formado nelas em consequência de repetidamente fazê-las[56]. Nós fazemos os hábitos, ou o hábitos nos fazem? Estamos, por assim dizer, na frente do hábito ou atrás dele? A resposta de Dewey para o enigma é supor que não estamos nem na frente nem atrás, mas no meio. Em efeito, ele resolve a ambiguidade mudando o registro de causa e consequência para o de processo. Assim, hábito, para Dewey, não é nem produtor nem produto, mas o princípio de produção, em que um eu que habita em suas próprias práticas é recursivamente gerado por elas. Como tal, o hábito é o que o passar pelas coisas traz para a tarefa do fazer. Em uma de suas últimas declarações publicadas sobre o tema da educação – suas palestras sobre Experiência e Educação datadas de 1938 – Dewey retorna à questão do hábito. Tomando cuidado para distinguir o hábito como princípio do que poderíamos pensar normalmente como um hábito, ou seja, uma maneira já fixa e estabelecida de fazer as coisas, Dewey explica que, de acordo com este princípio,

> [...] toda experiência executada e pela qual passamos modifica quem age e quem passa por ela, enquanto essa modificação afeta, quer queiramos ou não, a qualidade das experiências subsequentes. Pois é uma pessoa um tanto diferente que entra nelas[57].

Mais uma vez, Dewey caracteriza a experiência através da conjunção de fazer e passar por. E, novamente, o que para ele define hábito é uma relação específica entre os dois, na qual todo fazer é realizado passando por algo. Para apreciar a importância deste princípio, basta-nos imaginar qual seria a consequência se a relação fosse invertida. O que aconteceria se todas as sessões fossem subtendidas por um ato de fazer, em vez do contrário? A inversão, na verdade, produziria um princípio que é o oposto do princípio do hábito: poderíamos chamá-lo de

---

55. Dewey, 1987, p. 109.

56. Para uma discussão dos muitos significados do hábito e sua proveniência filosófica, cf. Carlisle, 2014.

57. Dewey, 2015, p. 35.

princípio da volição. De acordo com este princípio, todo ato deliberaria sobre uma intenção propositalmente colocada antes dela. O fazer começaria aqui, com uma intenção na mente de um agente, e terminaria nela mesma, com essa intenção cumprida no mundo. Entre o começo e o fim há, é claro, coisas pelas quais o agente tem que passar – e possivelmente não só aquele que faz, mas também outros sujeitos sob o seu comando e inscritos em seu projeto. Todos estão fadados a passar por seus efeitos e podem, de fato, ser alterados por eles. Mas, desde que aquele que esteja passando por algo esteja dentro do ato do fazer, ele estará também sendo passivamente levado pelo ato, pois a parte ativa da conduta é definida por seus fins, ou finalidades. Com o princípio da volição, em suma, fazer e passar por algo são separados em lados opostos de uma divisão entre o ativo e o passivo, agência e paciência.

Com o princípio do hábito, no entanto, essa oposição é dissolvida. Aqui, passar por algo é o que a pessoa faz, e fazer é a coisa pela qual a pessoa passa. Passar por algo de maneira ativa continuamente digere os fins do fazer e os extrude para um mero começo. Nos termos de Dewey, a digestão é uma "absorção", enquanto que a extrusão é um "sair". Assim, o que ele chamou de "fase contínua de experiência", embora, por um lado, "envolva rendição", por outro lado, implica "a saída de energia para receber. Não uma retenção de energia". Se fôssemos apenas passivos em meio à experiência, seríamos submersos por ela e seríamos incapazes de dar uma resposta. "Nós devemos invocar energia e colocá-la numa solução adequada", continua Dewey, "para absorver"[58]. Eu chamo essas invocação e colocação de "correspondência", outro termo no coração da minha argumentação neste capítulo. Com a correspondência, não somos muito mudados de fora como somos transformados de dentro. O fazer está dentro do passar por algo. Isso é o que o distingue como um ato da experiência, visto que realizar uma experiência – em qualquer coisa que não seja num sentido dramatúrgico banal – é estar sempre dentro dela, é habitar nela. Assim, através do fazer que passa por algo, como Dewey reconheceu, nós habitamos o mundo. E a tese que eu quero defender, nos parágrafos seguintes, é a de que na sua receptividade viva esta habitação é fundamentalmente um processo de atenção.

Caminhando

Suponha, por exemplo, que eu vá dar uma volta. É algo que pretendo fazer e eu me preparo para isso planejando uma rota, colocando minhas botas e colocando um mapa e provisões em uma mochila. Meu plano é dar uma volta pelo interior, e talvez melhorar minha condição física e sensação de bem-estar a partir do

---

58. Dewey, 1987, p. 59.

exercício. Eu também quero pensar um pouco. Esses fins estão já lá no começo, embora ainda não tenham sido cumpridos. Estou ciente de que em sua realização eu posso ter que sofrer um pouco: além das pernas doloridas e possíveis calos, há a monotonia pura de colocar um pé após o outro, de novo e outra vez. Mas enquanto isso tranquilizo a mim mesmo de que andar é apenas um hábito; está sedimentado no meu corpo e eu posso fazer isso mais ou menos sem pensar. O pensamento só entra na atividade em passagens perigosas ou em momentos em que talvez tenha que parar para verificar minhas rotas ou escolher o caminho a seguir. Entre momentos, posso continuar pensando na minha cabeça e deixar o resto do meu corpo cuidar de si mesmo: como todo mundo sabe, caminhar é bom para meditação, talvez por causa de seu ritmo constante, talvez por causa da pausa temporária que oferece das demandas que, de outra forma, nos pressionam de todos os lados. Considerada a partir deste ângulo, o que a caminhada oferece é um espaço entre os pontos fixos de origem e destino, um espaço para o esforço mental e físico que, eu espero, produzirá resultados. A ideia de fazer um passeio, a fim de alcançar esses resultados, está de acordo com o princípio da volição.

Mas, uma vez embarcando na minha caminhada, esse relato não funciona mais como antes de ter saído. Caminhar deixa de ser algo que eu determino meu corpo a fazer, como uma rotina autoimposta. Em vez disso, parece que eu me torno o meu caminhar, e que a minha caminhada me leva[59]. Eu estou lá, dentro dela, animado pelo seu movimento. E a cada passo eu não sou tão mudado quanto modificado, não no sentido de transição de um estado para outro, mas de renovação perpétua. Eu serei de fato uma pessoa diferente quando chegar; não a mesma pessoa em outro lugar, ou com um corpo marcado pelos estigmas da passagem. Até as dores e os calos se desdobram em minha experiência como parte de uma vida pela qual passo ativamente, e pode ser ainda mais dolorosa porque: goste ou não, eu não posso separá-las do ser andante que sou. Eles são biográficos e eu posso contar uma história a partir deles[60]. Nem uma vez em meu caminho posso sustentar a ideia de que caminhar é imprudente, um automatismo corporal que liberta a mente para fazer as suas próprias coisas. Pelo contrário, andar é em si um hábito de pensar. Este pensamento não é, contudo, uma operação cognitiva dentro da cabeça, mas o trabalho de uma mente que, em suas deliberações, mistura-se livremente com o corpo e o mundo. Ou, para colocar de

---

59. Ingold, 2015, p. 141.

60. O fenomenólogo James Hatley, refletindo sobre a prática de caminhar do artista Hamish Fulton, observa que "andar, como Fulton o pratica, não é fazer uma experiência no sentido de que eu a possuo, que eu tenho uma experiência do mundo, mas no sentido de que eu me submeto a ele, sou traumatizado por ele [...], o corpo sofre mais do que domina a terra em que anda" (HATLEY, 2003, p. 204-205).

outra forma, eu não penso tanto enquanto ando como penso em andar[61]. Este pensar é uma maneira de absorver o mundo, de modo que ele se torna menos o tópico do pensar, e mais um meio para minha meditação. Talvez o poder meditativo de caminhar esteja exatamente nisso: dar espaço para o pensamento respirar, para deixar o mundo entrar em seus reflexos. Entretanto, pelo mesmo motivo, para sermos abertos ao mundo, devemos também renunciar a algo de nossa agência. Nós devemos nos tornar seres responsivos. Assim, mesmo enquanto ando, devo ajustar meu pé ao terreno, seguir o caminho, submeter-me aos elementos. Existe, em cada passo, um elemento de incerteza.

Isso, suponho, é o que significa habitar a prática de caminhar. É colocar o "eu" que age no meio da experiência pela qual passamos, e não antes dela. O "eu" volitivo é um intruso indesejável no fazer pelo qual passamos: intencionado em impor suas próprias direções, ele continua se intrometendo, ditando os fins antes do começo, insistindo em um regime de parada e início em que cada ato segue em sequência a partir da conclusão de seu predecessor. O "eu" do hábito, ao contrário, cai na corrente da ação. Aqui, as extremidades não são dadas com antecedência, mas emergem na própria ação, e são reconhecíveis como tais apenas na admissão da possibilidade de novos começos. Os começos produzem finais e são produzidos por eles. Em meio a essa produção, ao mesmo tempo do eu e do mundo, o "eu" está continuamente em questão. Não é mais possível dizer, com confiança, "eu faço isso" ou "eu fiz aquilo". É preciso perguntar: "É isso que estou fazendo?" ou "Fiz isso?" É como se a ação estivesse chamando minha agência na sua esteira, não como uma resposta, mas como uma questão. "Eu sou", como a filósofa Erin Manning coloca, é sempre, em grande parte, "era eu?"[62] O princípio do hábito afirma que nunca se é totalmente o mestre dos próprios atos; que conduzir a vida não é necessariamente estar no comando. De fato, presumir o domínio em qualquer situação de incerteza existencial é cortejar o desastre. Não responder às exigências de uma situação pode arruinar os melhores planos. Mas apenas porque nem tudo acontece de acordo com a própria vontade não significa que outra pessoa está no comando, ou que essa agência é mais amplamente distribuída. Significa, sim, que deve haver algo errado com uma forma de pensar a ação que presume que o que quer que nos aconteça é um efeito de alguma agência ou outro[63]. E se, em vez disso, nós instalássemos o princípio do hábito?

Se a agência não é dada antes da ação, como causa para o efeito, mas está sempre se formando e transformando de dentro da própria ação, então talvez devêssemos transformar o substantivo no gerúndio de um verbo, e concordar em

---

61. Cf. meu ensaio "Modos de andar na mente: Ler, escrever, pintar" (Ingold, 2011, p. 196-209).

62. Manning, 2016, p. 37.

63. Ibid., p. 120.

falar de "tornar-se agente" ou "agenciar". O equivalente em francês, muitas vezes considerado intraduzível, é *agencement*. Não me aventuro mais no potencial semântico deste termo aqui, pois ele surgirá novamente no próximo capítulo. Basta dizer que é mais ou menos equivalente ao que eu apresentei anteriormente como "fazer passando por". O princípio do hábito, então, substitui agência por *agencement*. A diferença é que enquanto a agência nos pertence, como seres dotados de volição, o agenciamento recai sobre nós, moradores do hábito. A primeira é uma propriedade que supostamente possuímos que nos permite agir; a segunda é uma tarefa que devemos assumir como seres responsivos e responsáveis, e como parte da vida pela qual passamos. Colocando em termos mais gerais, a vida em si é uma tarefa, e conduzi-la, como *bios*, em vez de *zōē*, é a tarefa da educação[64]. É por isso que Dewey insistiu em colocar a educação dentro do reino do hábito. "O resultado do processo educativo", como ele disse, pode ser apenas uma "capacidade para a educação adicional"[65].

Atencionalidade e correspondência

Agora temos duas tríades alternativas, cujos termos estão intimamente ligados por implicação mútua. De um lado está a tríade: volição, agência, intencionalidade[66]. Do outro é a tríade: hábito, *agencement*, atenção. Eu expliquei a diferença entre os princípios de vontade e hábito, e entre agência e *agencement*. O passo seguinte é considerar a distinção entre intenção e atenção. Para começar, deixe-me voltar ao meu exemplo de dar um passeio. Meu primeiro relato, de dar uma volta, foi expresso de acordo com as minhas intenções: ver o campo, melhorar minha forma física e bem-estar e pensar um pouco. Claro que há coisas às quais eu tenho que me atentar, tanto na preparação quanto durante a caminhada em si. Mas essa atenção é a maneira que a mente tem de checar o mundo. Interrompe o movimento para fazer um balanço. Antes de sair eu verifico que tenho tudo de que preciso: mapa, bússola, alimentação, e assim por diante. É como marcar as coisas de uma lista que eu já tenho na minha cabeça. No caminho, eu verifico que os recursos da paisagem visível correspondem ao que está marcado no mapa, permitindo-me confirmar a minha posição topográfica. E onde há potenciais riscos, eu verifico que tenho a manobra certa para contorná-los. Em suma, atenção tem a ver com combinar o conteúdo da mente com objetos no

---

64. "A única coisa que nos é dada e que é quando há vida humana é ter que fazer algo, cada um por si", declarou o filósofo José Ortega y Gasset, em ensaio sobre a História como um sistema composto em 1935. "A vida é uma tarefa" (ORTEGA Y GASSET, 1961, p. 200, ênfase no original).

65. Dewey, 1966, p. 68.

66. Manning, 2016, p. 6.

mundo e estabelecer uma correlação de um-para-um entre cada representação mental e cada característica física[67]. Esta é a forma de atenção quando o nosso modo fundamental de estar no mundo é entendido por ser intencional. E é, portanto, enquadrado pelo princípio da volição.

Mas no meu segundo relato de caminhar, que é enquadrado pelo princípio do hábito, a relação entre intenção e atenção é o contrário. Andar a pé, como vimos, exige a resposta contínua do pedestre ao terreno, ao caminho e aos elementos. Para responder, ele deve atentar a essas coisas enquanto caminha, participando ou participando com elas em seus próprios movimentos. É isso que significa ouvir, observar e sentir. Se a atenção, no nosso primeiro relato, interrompe ou corta o movimento de modo a estabelecer uma relação transversal entre mente e mundo (cuja separação é assumida desde o início), no segundo se junta com o movimento como um acompanhamento ou refrão. Atenção, nesse sentido, é longitudinal. O caminhante atento ajusta seu movimento ao terreno na medida em que ele se desdobra debaixo de seus pés, ao invés de ter que parar em intervalos para checá-lo. E se o oposto de atenção é distração, então a mesma distinção é válida. Em um relato, distração implica uma perda de foco mental, um embaçamento dos objetos da atenção causados, muitas vezes, pelas intrusões do corpo na percepção consciente, seja devido a aflições de dor nos pés e pernas doloridas, ou ao atrito e sacolejos a que é submetido pelo terreno irregular ou outros impactos externos. A mente atenta-se; o corpo distrai[68]. Mas, no outro relato, a distração é um desvio de todo o ser em seu ambiente. Enquanto segue um caminho, o caminhante pode ser atraído para outro que o leva para longe, talvez mesmo causando-lhe a perda do seu caminho. Distração, aqui, é um desvio da linha de atenção, não a oclusão do seu alvo. Essa é a distração da atração, que atrai, cativa e, em última análise, imobiliza sua vítima em uma malha de linhas que, indo em todos os sentidos, deixa-o literalmente enfeitiçado.

Agora, minha alegação é que, no hábito de caminhar, em oposição à vontade de ir fazer uma caminhada, a atenção assume a prioridade ontológica como modo fundamental de estar no mundo, enquanto as intenções são apenas marcos lançados ao longo do caminho que, mais frequentemente do que não, são revelados em retrospectiva quando, olhando para trás em uma viagem já feita, nós a reconstruímos como um série de etapas predeterminadas. Ou, para resumir, se o princípio da volição nos rende uma forma de atenção fundada na intencionalidade, o princípio do hábito nos dá uma forma de intenção fundada

---

67. Sobre isso, cf. Gell, 1985, p. 274-275.

68. Como observou o acadêmico de teatro George Home-Cook, a atenção no sentido de verificação causa a distração como seu oposto, caracterizado por "uma perda de atenção e a usurpação da mente pelo corpo" (2015, p. 39).

na atenção. Eu não nego que uma mente está em ação na atenção de andar, assim como está na intencionalidade de dar um passeio. Mas isso não é uma mente confinada à cabeça e colocada contra o mundo; é, na verdade, uma mente que se estende ao longo dos percursos sensoriais da participação do pedestre no ambiente[69]. A consciência de tal mente não é transitiva, mas intransitiva, não de mas com. Onde "o ser-de" faz com que o outro ao qual atende se torne seu objeto, toma-o por visto, e "o ser-com" salva o outro da objetificação ao trazê-lo para o nosso lado como companheiro ou cúmplice. Transforma o ser--outro em ser-juntos. Começar com o princípio do hábito, e não com o da vontade, é reconhecer que a consciência é sempre consciência com antes que seja consciência sempre de. Nós podemos reconhecer um movimento e responder a ele antes de consertá-lo em nossa mira. As operações da mente atencional, em resumo, não são cognitivas, mas ecológicas. À luz desta conclusão, agora quero voltar a um termo que acabou por ser fundamental para a minha discussão no último capítulo – ou seja, correspondência – e ligá-lo ao que acabei de dizer sobre atencionalidade.

Primeiro, deixe-me dispor do significado de correspondência que não pretendo com o termo. Eu não quero dizer que a correspondência de um conjunto de elementos, como conceitos na mente, com outro conjunto, como objetos no mundo, por algum princípio de homologia que leve qualquer um dos elementos no primeiro conjunto a ser equacionado com um ou mais elementos no segundo, e vice-versa. Isto é o que correspondência significa em matemática, e há, naturalmente, uma estreita afinidade entre este significado e o sentido da atenção como uma correlação transversal entre conceito e objeto[70]. O que eu não pretendo com a correspondência pode ser facilmente compreendido comparando este sentido transversal de atenção com o seu sentido longitudinal "indo junto com". É o processo pelo qual seres ou coisas literalmente corespondem ou respondem uns aos outros ao longo do tempo, como, por exemplo, na troca de cartas ou de palavras em conversação. Isto compreende, como vimos no capítulo 1, a codependência de comum e de variação, da maneira pela qual cada ser encontra sua voz singular na partilha de experiências com outros. A alegação que quero fazer é que a correspondência é o modo de se relacionar de um ser que habita no hábito e cuja postura é atenciosa. Pois é ao atender uns aos outros, na medida em que caminham juntos, que os seres correspondem.

---

69. Ingold, 2015, p. 133.

70. Esse senso de correspondência tem sua contraparte antropológica nas discussões clássicas do totemismo, segundo o qual uma relação de aliança entre grupos sociais mapeia uma relação equivalente entre espécies naturais. Cada grupo, então, corresponde ao seu totem (LEVI-STRAUSS, 1964).

É necessário aqui inserir uma clara distinção analítica entre correspondência e interação[71]. Você poderia comparar com a diferença entre dois companheiros andando juntos, enfrentando o mesmo caminho, e uma situação de entrevista, ou talvez um jogo de tabuleiro, em que os participantes se enfrentam do outro lado da mesa. Em um jogo de xadrez, por exemplo, os jogadores se alternam em seus movimentos, e cada jogada é ostensivamente discreta, deliberada e considerada um ato, cujo resultado é alterar a configuração do tabuleiro. Agindo a cada vez em atos que visam o outro, os jogadores parecem estar envolvidos em uma forma rudimentar de interação. Pois não são apenas suas identidades e interesses separados desde o início, eles também não fazem nenhuma tentativa de encontrar uma causa comum. Cada um guarda isso para si mesmo; não há nem comungar nem variação. Cada movimento, no xadrez, não é nem uma submissão como uma declaração de intenções: seu propósito é frustrar e, finalmente, verificar o progresso do oponente. Assim, na medida em que o jogo avança, cada "eu" atrapalha o outro até terminar em o "mate" do total engarrafamento. Por trás da aparência de interação, no entanto, encontra-se uma realidade diferente. Pois, na verdade, ambos os jogadores juntos habitam o jogo de xadrez: eles são atraídos para ele, cativados por isso, abrem-se um para o outro em seu amor compartilhado pelo jogo e pelo sentimento de camaradagem que lhes permite jogar em espírito de amizade. Sua experiência comum se desenvolve lado a lado com seus estilos pessoais de jogar. Eles podem ter bom senso, já que enquanto movem suas respectivas peças, que suas mãos respondem a algo além deles e se perguntam depois: "eu fiz isso?" ou "era eu?" Sua agência, em suma, está sempre questionada, não determinada com antecedência. O que está em jogo, na prática, não é a oposição de sua agência, mas o alinhamento de seu agenciamento. E, nesse sentido, os jogadores são, enfim, tanto correspondentes no jogo quanto companheiros de caminhada na trilha.

Cuidado e saudade

Eu agora me volto para dois outros aspectos da atenção que, como a correspondência, são cruciais para nossa concepção do que significa conduzir a vida e, portanto, da educação. Estes são cuidado e saudade. O primeiro traz uma dimensão ética à atenção. Naturalmente, nós nos importamos com as pessoas dando-lhes toda a nossa atenção e respondendo às suas necessidades. Como seres corresponsivos, a responsabilidade do cuidado é algo que recai sobre nós. As ações que realizamos em seu cumprimento são, portanto, da natureza das tarefas. Uma tarefa é uma ação que devemos ter em vez de possuirmos: pertence aos ou-

---

71. Para uma discussão mais aprofundada dessa distinção, cf. Ingold, 2013b, p. 105-108.

tros e não a nós mesmos. Tanto passamos por algo como o fazemos, é um "fazer passando por", que vem a nós porque somos pessoas de hábito. Não é feito pela nossa própria vontade, mas também não é obrigatório no sentido de que nos seja imposto por alguma ordem superior da sociedade da qual somos igualmente responsáveis. Pelo contrário, isso é feito porque em uma "comunidade daqueles que não têm nada em comum" – isto é, em uma comunidade ligada por diferença em vez de identidade prévia, em que todos são, até certo ponto, um estranho a todos os outros – a presença deles exige uma resposta. Como o teórico da educação Gert Biesta escreveu: "o que é feito, o que precisa ser feito, e o que eu posso fazer é responder ao estranho, para ser responsivo e responsável em relação ao que o estranho pede de mim"[72]. Nesse sentido, não pode haver responsabilidade sem "capacidade de resposta". Para sermos responsáveis, devemos ser capazes de responder. E para poder responder, é preciso estar presente. Na linguagem de comunhão e variação, em que cada pessoa fala com a sua voz única e singular e não como um representante da coletividade, o que importa não são tanto as palavras que usamos, mas o fato de que devemos responder com elas. Pois é por meio de nossas palavras, e pelas vozes com as quais as pronunciamos, que nos fazemos presentes aos outros como pessoas particulares que somos[73].

Para cuidar dos outros, então, devemos permiti-los estar em nossa presença para que, assim, possamos estar presentes para eles. Em um sentido importante, devemos deixá-los ser, para que possam falar conosco. No entanto, deixar ser, nesse sentido, não é facilmente conciliado com a compreensão, muito menos com explicação. Compreensão e explicação pertencem àquele outro modo de atenção, como verificação. Desse modo, atentamos às coisas e pessoas para que possamos levá-las em conta. Uma vez que forem levadas em conta, elas podem ser checadas, removidas da nossa lista e enviadas para o repositório do "já conhecido" ou "bem entendido", cujos conteúdos já não exigem qualquer coisa de nós. E assim, tantas vezes, é como nós as encontramos, não menos no contextos e práticas institucionalizados de educação. Quantas vezes ouvimos dizer, por humanistas instruídos e compassivos, que essa compreensão depende da incorporação de coisas em seus contextos, sejam eles sociais, culturais ou históricos? É como colocá-los para dormir. Para a criança rebelde, que se recusa a deitar-se e a ir dormir e continua a saltar da cama, nós emitimos o comando: "volte ao seu contexto apropriado e seja compreendido?" Verdadeiramente, o que a criança quer e, na verdade, exige é atenção. Ele ou ela tem coisas a dizer, para nos dizer ou para nos mostrar e grita para ser notado. E devemos observar, ouvir e responder. Isto é o que significa cuidar.

---

[72]. Biesta, 2006, p. 64-65. Cf. tb. Lingis, 1994, p. 130-131.

[73]. Ingold, 2005, p. 171.

A implicação desse argumento, no entanto, é radical. Isso significa que se a educação é sobrecuidar do mundo em que vivemos, e de seus múltiplos habitantes humanos e não humanos, então não é tanto sobre compreendê-los, mas restaurá-los à presença, para então atender e responder ao que eles têm a dizer. Na verdade, os filósofos Jan Masschelein e Maarten Simons, em sua defesa do propósito educacional da escola (da qual discorreremos a seguir, no capítulo 3), defendem precisamente este argumento. Existe um "momento mágico", eles dizem, quando as coisas que só costumavam ser faladas ou discutidas, como eram na ausência delas, de repente tornam-se presentes e ativas por iniciativa própria e começam a falar por si mesmas. Encantados, nós escutamos. É o propósito da escola, argumentam Masschelein e Simons, para tornar as coisas reais novamente nesse sentido, e para restaurá-las à nossa atenção[74]. Há, no entanto, um ponto ainda mais amplo a ser feito neste aspecto. É que o cuidado não implica apenas ouvir o que os outros têm a nos dizer, mas também responder apropriadamente. É uma questão de descarregar uma dívida ontológica, de devolver ao mundo e a seus habitantes o que devemos a eles pela nossa própria formação. Aquilo que devemos é, no sentido original do termo, um dever. É por isso que a responsabilidade do cuidado não é apenas prática (há tarefas a serem realizadas), mas um dever (sanar uma dívida). Segue-se que a educação – conduzindo a vida – não é feita a partir da volição, nem sob obrigação, mas como cumprimento do dever.

O que cuidado e atenção, então, têm a ver com a saudade? A resposta está na forma como a saudade reúne as atividades de lembrar e imaginar. Ambas são formas de presenciar: lembrando presenças do passado; imaginando o futuro. Por lembrar, aqui, eu não quero dizer transformar o passado em um objeto da memória. Isso seria o mesmo que separar o passado do presente, como se fosse completo, acabado, feito, e disponível para transmissão como propriedade hereditária. É isso que acontece quando colocamos o passado em seu contexto. Todo contexto, então, junto com tudo incorporado nele, torna-se parte do pacote. Ao recordar, ao contrário, o passado não está terminado, mas ativo no presente. Lembrar, na prática, é reingressar como correspondente nos processos de desenvolvimento próprio e dos outros. É pegar os fios de vidas passadas e juntar-se a eles para encontrar um caminho a seguir. Mesmo que as pessoas que morreram possam ser lembradas somente por suas histórias, cada revelação não é apenas sobre a pessoa contada: em um sentido real, é a pessoa, com sua voz única e caráter, trazida para o aqui e agora para que os vivos possam continuar uma correspondência com elas. Contar histórias nesse sentido é um prolongamento do *bios*, não uma maneira de embrulhá-lo. E isso é apenas outra maneira de dizer que é uma forma de saudade.

---

74. Masschelein e Simons, 2013, p. 47.

O mesmo ocorre com a imaginação. Pois se lembrar não faz do passado um objeto, então imaginar também não faz do futuro um objeto. Ou seja, não é projetar o futuro, como um estado de coisas distinto do presente. É, na verdade, pegar uma vida que, em suas esperanças e sonhos, tem uma maneira de estar à frente de suas amarras no mundo material. Onde ela ocorre está além do horizonte de nossa conceptualização. Pensadores de todas as profissões, escreveu Dewey em *Arte como experiência*, sejam eles poetas ou pintores, cientistas ou filósofos, em suas imaginações "avançam em direção a um fim, vagamente e imprecisamente prefigurado, tateando pelo caminho enquanto são seduzidos pela identidade de uma aura em que suas observações e reflexões nadam"[75]. Nesta aura, todo imaginar é lembrar e todo lembrar é imaginar. Futuro e passado, não mais distinguíveis, fundem-se nos fins da saudade, em um lugar onde perpetuamente sonhamos e nos esforçamos, mas nunca alcançamos. Em suma, a saudade torna possível alinhar o cuidado e a atenção, que dependem do trazer as coisas à presença, com o alongamento temporal da vida. Esta não é uma vida que vai daqui até lá, de um ponto de origem a um destino, nem pode ser marcada com momentos. Como o trecho da atencionalidade com o qual corresponde, a vida corre para sempre entre os pontos em que intenções se juntam, como um rio corre entre suas margens. Assim, a educação não pode ter "resultados" predeterminados mais do que a vida. Como Dewey nos ensinou, e como observamos no capítulo 1, o único resultado da vida é mais vida, o único resultado do crescimento é ainda mais crescimento, o único resultado da educação é mais educação[76].

Atenção como educação e educação de atenção

Este, então, é o ponto ao qual quero retornar para o tema da educação, para mostrar como o que nós dissemos até agora sobre a atenção se embasa nele. Farei isso abordando o trabalho de dois estudiosos que influenciaram profundamente a maneira como penso a educação: Jan Masschelein e James Gibson. Masschelein é um filósofo contemporâneo cujo campo particular é a filosofia da educação. Gibson era um psicólogo da percepção visual e um pioneiro do que veio a ser conhecido como abordagem ecológica da percepção e da ação. Seus trabalhos mais importantes foram publicados nos anos de 1960 e 1970. Eu começo, no entanto, com algumas palavras sobre o termo "educação" em si. Eu já observei a derivação da palavra do latim *ducere*, "liderar"; no entanto, deixei em aberto o significado do "*e*" na frente. Existe uma etimologia convencional, é claro, que nos leva de volta a uma palavra latina relacionada, *educare*, significando simplesmente

---

[75]. Dewey, 1987, p. 80.

[76]. Dewey, 1966, p. 51.

ensinar, cuidar ou criar, ou incutir em cada nova geração maneiras aprovadas da sociedade e o conhecimento sobre o qual elas repousam. Masschelein, no entanto, propõe transformar esta convenção de ponta-cabeça. E se nós começássemos com o *"e"* de educação e reescrevêssemos a educação como e-ducação? O *"e"* vem do *ex*, significando "fora". Educação, então, não seria sobre incutir conhecimento nas mentes dos novatos, mas sobre conduzi-los para o mundo[77].

No primeiro sentido, a educação – pelo menos em sua versão moderna – visa fornecer as ferramentas para explicação e raciocínio crítico. Ela se encaixa no ideal de que o aluno, que começa em ignorância e deve primeiro ter as coisas explicadas, acabará por surgir como um pensador em seu próprio direito, emancipado das convenções e preconceitos do passado, e capaz de juntar-se à mesa alta daqueles com autoridade para explicar. É uma passagem da ignorância para o intelecto. No entanto, se o mundo pode ser conhecido apenas por meio de suas explicações, ou pelas diferentes maneiras através das quais pode ser representado, e se a razão nos ensina a desconfiar de todas as representações e a buscar um ponto de vista crítico próprio, livre dos contextos em que estes precursores representacionais são retrospectivamente entendidos como tendo sido embutidos, então, como podemos nos abrir para o mundo em si? Como, pergunta Masschelein, "podemos transformar o mundo em algo 'real', como tornar o mundo 'presente', para dar novamente o real e descartar os escudos ou espelhos que parecem nos ter trancado cada vez mais em autorreflexões e interpretações, em infinitos retornos sobre 'pontos de vista', 'perspectivas' e 'opiniões'"?[78] Sua resposta é: adotando práticas que nos permitem, literalmente, "nos expormos"[79]. E isso, afirma Masschelein, é o objetivo da e-ducação no segundo sentido. Seu propósito não é instilar uma consciência ou consciência do mundo ao nosso redor. Seu propósito é, na verdade, de nos atrair para uma correspondência com este mundo. Ou, em uma palavra, trata-se de atentar-se para ele.

Para um exemplo paradigmático do que a exposição significa na prática, Masschelein nos convida a juntar-se a ele na atividade de caminhar. Uma vez na trilha, nós nos submetemos a ela – somos até mesmo comandados por ela – e, nesse sentido, a caminhada é uma experiência pela qual passamos. Mas isso não é, Masschelein nos diz, uma "passagem passiva". É ativa, "uma espécie de cortar através da estrada"[80]. Então, o que é essa estrada e o que ela corta? A estrada, claro, é a da atenção, ao longo da qual o mundo se abre e se faz presente para nós,

---

77. Masschelein, 2010a, p. 276-277.

78. Ibid., p. 276.

79. Masschelein, 2010b, p. 44, 50.

80. Masschelein, 2010a, p. 278.

para que nós mesmos possamos estar expostos a esta presença e sermos transformados. Como Masschelein insiste, "a atenção torna a experiência possível"[81]. E o que a estrada corta são todas as conexões transitivas que conectam intenções a seus alvos, a consciência com seus objetos ou a consciência crítica daquilo a que ela pertence. Uma coisa sobre o caminhar, de acordo com Masschelein, é que ele não oferece uma perspectiva diferente ou um conjunto de perspectivas daquilo que pode ser obtido por outros meios (como pelo ar), nem nos permite desafiar qualquer ponto de vista com outros. O que nos oferece é uma relação diferente com o presente, que não pede explicação, compreensão ou interpretação no contexto, mas pede nossa atenção sem fracionamentos, sem mediações e sem qualificações. Caminhar pode fazer isso por nós porque, longe de nos pedir um posicionamento a partir desta situação ou disso, ela continuamente nos afasta de qualquer ponto de vista – de qualquer posicionamento que possamos adotar. "Andar", como explica Masschelein, "é sobre colocar essa posição em jogo; é sobre ex-posição, sobre estar fora de posição"[82]. E isso, precisamente, é o que ele quer dizer com exposição.

Agora, à primeira vista, Masschelein e Gibson dificilmente poderiam fazer uma comparação menos provável. Seus interesses, respectivamente na filosofia da educação e na psicologia da percepção, são completamente diferentes, assim como seus estilos intelectuais e fontes de inspiração. No entanto, se Masschelein quer tornar o mundo real e presente para nós novamente, o mesmo acontece com Gibson. E para Gibson, também, isso significa repudiar as ideias de que só podemos conhecer o mundo da perspectiva de um ponto de vista fixo, e só conhecê-lo na íntegra pela montagem, na mente, de todas as representações parciais – obtidas de diversos pontos de vista – em um quadro abrangente do todo, uma espécie de mapa mental. Para Gibson, o mundo que percebemos é um mundo ao nosso redor, um ambiente. E nos familiarizamos com esse ambiente não olhando para ele, ou por uma verificação mental que testa nossas representações contra a evidência dos sentidos, mas por nos movermos nele, por exemplo, a pé. Em movimento, seguimos o que Gibson chama de "caminho da observação", e, na medida em que nos movemos, o padrão de estímulo sensorial sofre modulação contínua. Com a visão, na qual Gibson está especialmente interessado, este é o padrão de luz refletido nas superfícies das coisas, ou o que é conhecido como "ambiente de matriz ótica", que encontra os olhos do observador em movimento. Subjacente às modulações da matriz estão certos parâmetros invariantes, e é a alegação de Gibson de que essas invariantes são suficientes para especificar características relevantes do ambiente, ou, mais pre-

---

81. Ibid., p. 282.
82. Ibid., p. 278.

cisamente, para especificar o que elas permitem, em termos de possibilidades ou obstáculos oferecidos ao observador em seguir seu curso de ação[83].

Entre essas características estão a superfície e a textura do solo, e para continuar com nosso exemplo da caminhada, alguns tipos de solo – como terra sólida ou cascalho – permitem caminhar, enquanto outros – como seixos ou pântanos – não o fazem. E, de acordo com Gibson, terra, cascalho, seixos e pântanos são percebidos, em primeiro lugar, em sua caminhabilidade. Claro, o tipo de familiaridade com um ambiente que nos permite perceber caminhabilidade não vem pronta; cresce com a experiência. A crescente familiaridade, no entanto, não vem do preenchimento de lacunas no mapa, mas a partir de um ajuste fino e gradual ou da sensibilização de habilidades perceptivas que tornam os observadores cada vez mais atentos às nuances do ambiente. A pessoa pode ser uma exploradora em terreno caseiro, uma vez que no mundo real – em oposição ao mundo de suas representações – há sempre mais a ser descoberto. Assim, novatos não são tão "preenchidos" – como previsto pelos defensores do modelo da transmissão da educação – mas "sintonizados"[84]. Caso contrário, se o conhecimento do ancião é superior ao do principiante, não é porque ele adquiriu as representações mentais que lhe permitiram construir uma imagem mais elaborada do mundo, mas porque o seu sistema perceptivo está sintonizado para atentar a aspectos críticos do ambiente que o novato simplesmente não percebe. Adotando uma das metáforas-chave de Gibson, poderíamos dizer que o sistema perceptivo do praticante experiente ressoa com as propriedades do ambiente. Quanto mais experientes nos tornamos percorrendo os caminhos da observação, de acordo com Gibson, mais capazes de perceber e responder fluentemente às variações ambientais e aos invariantes paramétricos que estão por trás deles. Isto é, passamos pelo que ele chamou de "educação da atenção"[85].

Para ambos, Masschelein e Gibson, então, a educação é fundamentalmente sobre atenção, não sobre transmissão. Logo, eles estão, de maneiras diferentes, dizendo a mesma coisa? Na verdade eles não estão, e a chave para a diferença deles está na relação entre habilidade e submissão. Estas últimas são necessariamente copresentes em qualquer prática de hábito, ou de "passar pelo fazer". Considere novamente o exemplo do caminhante. Ele deve, por um lado, estar suficientemente atento para ser capaz de perceber a caminhabilidade do terreno, e ajustar o andar dele em relação a isso. Ele tem um certo domínio prático da arte de caminhar, que vem com a experiência. Mas, por outro lado, a cada passo,

---

83. A teoria de Gibson é apresentada em sua forma mais abrangente em *The Ecological Approach of Visual Perception* (1979). No "caminho da observação", cf. Gibson, 1979, p. 197. Cf. tb. Ingold, 2000, p. 226-228, 238-240.

84. Ingold, 2001, p. 142.

85. Gibson, 1979, p. 254. Cf. tb. Ingold, 2001.

ele se submete ao caminho sem ter certeza de para onde ele vai levar. E quando nos habituamos a caminhar, como em qualquer outro hábito, é a submissão que conduz, enquanto que a maestria segue em sua esteira, e não o contrário[86]. Há atenção em ambos, mas numa delas o praticante está a mando do mundo, na outra o mundo está a mando do praticante. Um deixa o mundo entrar, como uma respiração profunda; o outro deixa sair em um movimento orientado de percepção e ação. "Experienciar como respirar", como Dewey disse, "é um ritmo de inspiração e expiração"[87]. Masschelein está inequivocamente do lado da entrada. É por isso que ele nos lembra que a palavra *attendre*, em francês, significa "esperar". Mesmo em inglês, atender a coisas ou pessoas significa esperar por elas, aceitando-as e seguindo o que elas fazem[88]. Gibson, pelo contrário, está do lado da saída. Na detecção de possibilidades, de oportunidades para continuar, os praticantes escolhem e se voltam para as características vantajosas de um mundo que já está definido. Ou, em suma, enquanto que para Masschelein o praticante espera no mundo, para Gibson o mundo espera pelo praticante[89]. No primeiro caso, a atenção educa, expondo-nos a um mundo em formação, deixando-o entrar. No segundo, a atenção é o que é educado, por força dessa experiência. Na verdade, no entanto, não pode haver um sem o outro. Submissão e maestria prática são dois lados da mesma moeda. Essa moeda é o princípio do hábito.

Fraco, pobre e arriscado

"Educação", declarou o poeta William Butler Yeats, "não é sobre encher um balde, mas sobre acender um fogo"[90]. O balde oferece certeza e previsibilidade, um ponto de partida e um ponto final, com passos mensuráveis ao longo do caminho. Tem resultados, que devem ser conhecidos e entendidos mesmo antes do início do processo. O fogo, por outro lado, expõe-nos todos ao risco. Não há como saber o que vai incendiar e o que não vai, por quanto tempo o fogo vai queimar, como se espalhará e quais serão seus resultados. Em seu recente livro *The Beautiful Risk of Education*, Gert Biesta expressa a escolha como algo entre

---

86. Ingold, 2015, p. 138-142.

87. Dewey, 1987, p. 62.

88. Masschelein, 2010a, p. 282.

89. Ingold, 2015, p. 136.

90. Embora essa declaração seja comumente atribuída a Yeats (p. ex., BIESTA, 2013, p. 1), evidências para apoiar essa atribuição tem se mostrado indescritível. A fonte mais provável parece ter sido o autor greco-romano Plutarco. Em seu ensaio "Sobre a escuta", Plutarco escreveu: "A analogia correta para a mente não é um vaso que precisa ser preenchido, mas madeira que precisa ser inflamada" (PLUTARCH, 1992, p. 50).

essência e existência, ou, em outras palavras, entre metafísica e vida[91]. No registro metafísico, apelamos para alguma essência da humanidade transcendente. A educação, então, é o processo de se tornar humano, de incutir na matéria-prima de seres humanos imaturos o conhecimento, as normas, valores e responsabilidades da personalidade e da sociedade civil. Isto é encher o balde. Mas escolher a existência é restaurar os seres humanos para um processo de vida vivido em companhia de outros, ou seja, para a vida social. Existência – vida – não é um processo de se tornar humano; é sim um processo de devir humano[92]. A questão da educação, como diz Biesta, é se estamos preparados para correr o risco da vida, com toda a sua incerteza, imprevisibilidade e frustração, ou se nós preferimos buscar uma certeza além ou subentendendo a vida, no nível da metafísica. A escolha é entre o que ele chama de uma maneira forte e fraca de educação. O caminho forte oferece segurança, previsibilidade e liberdade de riscos. O caminho fraco, pelo contrário, é lento, difícil e de modo algum certo em seus resultados – se é que podemos falar de "resultados". Nós vivemos em uma época em que políticos, gestores públicos e o público são vociferantes em suas demandas de que a educação deva ser forte. A fraqueza é percebida como um problema. A alegação de Biesta, ao contrário, é de que se tirarmos a fraqueza da educação, corremos o risco de retirar a educação por completo[93]. Fazer isto seria extinguir o fogo.

A essa altura, deveria ser evidente que esta distinção entre formas fortes e fracas de educação são virtualmente congruentes com aquela a partir da qual comecei este capítulo, entre os princípios de volição e hábito. O princípio volitivo termina antes de começar, e visa trazer uma mudança de estado naqueles sujeitos a ele obrigados a passar por suas imposições. No caso da educação, isso é nada menos que a instalação de uma essência humana. É como se a educação estivesse dentro de um momento permanente de criação, destinado a recapitular em todas as gerações a gênese da humanidade na transição da natureza para a sociedade. O princípio do hábito, pelo contrário, ao invés de começar pelos fins, produz começos. Sua criatividade é a de "fazer passando por", de *agencement*, em que os seres se forjam continuamente e uns aos outros no cadinho da vida social, sua humanidade não é uma conclusão precipitada, mas uma conquista relacional em curso. O teólogo Henry Nelson Wieman referiu-se a ele como o tipo de criatividade que "progressivamente cria personalidade na comunidade". Por trás das contingências daquilo que as pessoas fazem, Wieman argumentou, e da miscelânea de produtos de "bens criados" para os quais estes feitos dão a chance de surgirem, há um "bem criativo" intrínseco à vida humana em sua capacidade

---

91. Biesta, 2013, p. 17.

92. Sobre essa distinção, cf. Ingold, 2013a, p. 6-9.

93. Biesta, 2013, p. 1.

de gerar pessoas em relacionamentos. Esse tipo de criatividade, escreve ele, é "o que a personalidade sofre, mas não pode fazer"[94]. Não começa, como o princípio volitivo teria começado, com uma intenção em mente e termina com o seu cumprimento. Pelo contrário, ele continua, com cada ponta solta oferecendo a possibilidade de novos começos para aqueles que seguem. Essa é a criatividade da vida social. Biesta também desenha muito o mesmo contraste, entre uma forte noção de criação como uma transição "de não ser para ser", e uma noção fraca da criação como "chamar o ser para a vida"[95]. Se a educação, no sentido forte, recria a essência da humanidade, o que cria continuamente, no fraco sentido, é a existência humana.

Embora todos possamos ser humanos por nascimento, a forte lógica de se tornar humano implica que alguns são, no entanto, mais humanos que outros. Crianças em seus "primeiros anos", mais próximas do seu ponto de origem, tendo apenas começado recentemente no caminho para a humanidade, são consideradas menos humanos do que adultos na abordagem da qualificação plena. Agora é a missão da educação no sentido forte (do *educare*) para elevar cada criança de um estado original de ingenuidade e liberá-la para a liberdade da inteligência adulta. No entanto, como vimos no capítulo 1, longe de eliminar a desigualdade, esse projeto de emancipação a perpetua. Faz isso pela inserção, desde o início, de uma divisão entre os de intelecto inferior (não apenas crianças, mas também as pessoas em "sociedades tradicionais" e o "homem comum" em nosso próprio país), que estão em necessidade de libertação, e aqueles de intelecto superior (adultos, cientistas e pessoas da cultura), cuja missão é libertá-las. Os primeiros, por sua vez, tornar-se-ão emancipadores, mas apenas para colocar seus sucessores numa posição de inferioridade, para que o ciclo possa recomeçar. O que o filósofo Jacques Rancière chama de o "mito da pedagogia" de um mundo dividido: entre "mentes sábias e ignorantes [...] os capazes e incapazes, os inteligentes e os estúpidos"[96]. Tendo decretado um marco zero, um ponto de origem absoluto para o processo educacional, o pedagogo lança um véu de ignorância sobre tudo a ser aprendido, apenas para nomear-se à tarefa de levantá-lo. Essa tarefa, segundo Rancière, é explicar: é "transmitir a aprendizagem e formar mentes simultaneamente, liderando essas mentes, de acordo com uma progressão ordenada, do mais simples ao mais complexo"[97]. Mas a lógica da explicação gera uma regressão infinita. Uma vez que uma coisa é explicada, então torna-se necessário explicar a explicação, e assim por

---

94. Wieman, 1961, p. 63-66. Para uma discussão mais aprofundada das ideias de Wieman, cf. Ingold, 2014a.

95. Biesta, 2013, p. 23.

96. Rancière, 1991, p. 6.

97. Ibid., p. 3.

diante, deixando o destinatário da explicação, o aluno ignorado, cada vez mais atrasado, e dando maior urgência à necessidade de "recuperar", de recuperar a distância que a lógica da explicação estabeleceu. E o que o aluno aprende a partir disso? Ele aprende que ele é um ser inferior, que não pode esperar entender a menos que ele tenha coisas explicadas a ele por pessoas que o fazem!

Qual a alternativa? É a lógica fraca do devir humano. Nesta lógica, a humanidade não é uma condição pronta que podemos alcançar em vários graus. É na verdade o que fazemos disso, cada um à nossa maneira. Para Rancière, é a partir do pressuposto de que todo ser humano é de igual intelecto e igualmente capaz, independentemente da idade, experiência ou qualquer outro critério[98]. É claro que todo mundo é diferente, mas essas diferenças não podem ser colocadas em qualquer escala de mais ou menos. As pessoas não são, em outras palavras, diferentes de maneiras que são as mesmas para todos, mas são as mesmas em todos os seres diferentes em seus próprios caminhos. Professor e aluno, então, longe de estarem frente a frente como respectivamente instruídos e ignorantes, seguem na mesma direção, como pessoas, cada uma com uma história particular para contar, atendendo e respondendo um ao outro ao longo de uma jornada que eles empreendem juntos; mas em direção a que resultado, ninguém sabe. Em uma palavra, eles correspondem. Rancière chama isso de uma correspondência de vontades[99], embora eu prefira chamar de correspondência de hábitos ou de *agencements*, visto que a volição ou agência intencional de nenhuma das partes deva atrapalhar.

Que tipo de pedagogia é essa, em que o professor não tem nada para transmitir, nada para passar nem quaisquer métodos, protocolos, regras ou formas específicas de teste ou certificação para fazer isso? Masschelein tem uma palavra para isso: ele a chama de "pedagogia pobre"[100]. É "a arte de esperar e apresentar", um convite para liderar (*ex-ducere*), oferecendo meios para experimentar e tornar-se atento. Proporciona a possibilidade de exposição, através de exercícios que ampliam nossa atenção para o real e sua verdade: "não a verdade sobre o real, mas a verdade que sai do real [...] na experiência"[101]. Acima de tudo, a pedagogia pobre é fraca e nós somos enfraquecidos por ela. Uma educação forte nos arma com conhecimento, nos permite escorar nossas defesas contra os caprichos do mundo externo, dá-nos imunidade e fornece a segurança e o conforto da razão. Se alguma coisa nos incomoda, podemos explicar isso e fazer com que ela vá embora – ou pelo menos colocá-la em seu contexto. Silenciados em nossa armadura,

---

98. Ibid., p. 101.

99. Ibid., p. 13.

100. Masschelein, 2010b.

101. Masschelein, 2010a, p. 283-285.

no entanto, e cercados pelos muros de nossas defesas intelectuais, nós falhamos em aceitar ou responder à realidade que o mundo apresenta para nós. Uma educação fraca, empreendida com uma pedagogia pobre, alcança exatamente o oposto. Isto nos induz a romper a segurança de nossas posições defensivas, tirar nossa armadura e conhecer o mundo de braços abertos. É uma prática de desarmamento. Isto é educação no sentido de *ex-ducere*. Trata-se de exposição e não de imunidade; torna-nos vulneráveis em vez de poderosos, mas, da mesma forma, ela valoriza a verdade e a sabedoria sobre o conhecimento. Considerando que a educação forte procura incutir o que é desejado, a educação fraca é uma busca pelo que é desejável. É uma forma de saudade e, na medida em que é feita de forma responsável e responsavelmente com os outros, como um dever, é também uma forma de cuidado e correspondência. Mas acima de tudo é feita e passa pelas coisas com atenção.

3
Educação em tom menor

Os subcomuns

Preocupei-me, no último capítulo, em fazer uma distinção entre o senso forte da educação como a entrega de grandes e poderosas declarações que fornecem uma espécie de carta fundadora para a civilização como nós a conhecemos, e um senso fraco como o hesitante transbordamento ou desvios que nos tiram da certeza, fora de nossas posições defensivas e pontos de vista – que nos desarma. Isso, como Masschelein nos mostrou, é como o *educare* difere do *ex-ducere*. No entanto, a distinção é apenas um exemplo de um contraste mais geral entre o que filósofo Gilles Deleuze e o psicanalista Félix Guattari distinguem como as ciências do "maior" e do "menor"[102]. Assim, poderíamos falar de uma educação que leva para fora, através de exposição em vez de doutrinação, que é conduzida em tom menor. A analogia musical é apropriada, pois a diferença entre os modos maior e menor é justamente de que enquanto o maior é confiante, assertivo e afirmativo, o menor é ansioso, inquieto e inquisitivo. O maior é um portador de luz, enquanto o menor é frequentemente sentido em tom escuro. Para aqueles que acreditam na iluminação, a escuridão é algo a ser expulso. A ideia de uma educação na escuridão soaria, para eles, na melhor das hipóteses, como uma contradição em termos, pior como uma receita de declínio e desespero. Mas eles são os vencedores dos concursos de conhecimento: pessoas da cultura em vez de pessoas em culturas; cientistas em vez de povo tradicional; adultos, em vez de crianças. E onde há vencedores também há derrotados, para os quais a iluminação dos conquistadores é experimentada como opressão, subjugação ou como produção de ignorância. Minha alegação, neste capítulo, é que apenas uma educação que admite variações em tom menor pode proporcionar uma liberdade que é real em vez de ilusória e que nos leve para fora de estruturas de autoridade que são manifestamente insustentáveis. Não é que tal educação nos condene à escuridão de uma caverna; ela, na ver-

---

[102]. Deleuze e Guattari, 2004, p. 398-413.

dade, permite-nos continuar, manter a vida e oferecer novos inícios para as gerações que virão[103].

Para começar, deixe-me retornar ao que Dewey chamou de "comunicação", termo que substituí por "comungar". Comungar, nesse sentido, não é regredir a um conjunto de linhas de atributos de base com os quais todos os participantes estejam dotados para começar. Isso envolve, na verdade, um alongamento atento através do qual cada participante projeta sua experiência de maneiras que podem responder à experiência dos outros, e a eles também, de modo a obterem uma correspondência que vai além do que qualquer um deles poderia ter imaginado no início e que, por sua vez, permite que eles continuem juntos. Este lançamento para a frente – ou o que eu chamei de "saudade" – não é direcionado para um alvo. Não tem objetivos ou objetivos predeterminados. Os fins dessa saudade são ainda indefinidos e indefiníveis, além dos horizontes da conceituação, e por isso mesmo permanecem abertos a todos. O excesso, em saudade, do passar por sobre o fazer permite que aqueles que não têm nada em comum, no entanto, acolham a presença uns dos outros, para atentar e responder uns aos outros e, ao fazê-lo, formar uma comunidade de relações. Por que termo, então, deveríamos conhecer a região em que a prática acontece? Stefano Harney e Fred Moten –um teórico da educação, o outro um literário erudito – chamam isso de "subcomuns"[104].

Está sempre lá, o subcomum, mesmo que raramente reconheçamos sua existência. E estando lá, ele anima ou anima continuamente um mundo que de outra forma estaria fadado a movimentos predeterminados. A subcomunhão, assim concebida, é a própria antítese do estar de pé que muitas vezes é tomado como uma condição prévia para a civilidade social e como o objetivo principal da educação. Com a compreensão, o conhecimento antecipa a atenção. Como vimos no último capítulo, o entendimento estabelece uma base sobre a qual todos e tudo podem ser colocados em posição. Estabelece um fundamento de certo conhecimento, literalmente um substrato para se sustentar. Compartilhando um ponto de vista comum, podemos parar, seguros em nossas fundações. A compreensão está no tom maior. Mas o subcomum está no menor. Isso tira tudo e todos de posição, fora de qualquer ponto de vista que possam ter realizado. O subcomum está sujeito a tremores; isso abala as coisas. Isso é como a sensação que você sente

---

[103]. Com base nos escritos de Giorgio Agamben, o filósofo da educação, Tyson Lewis sugeriu argumento um pouco semelhante: que para "realizar o potencial", em consonância com o discurso majoritário da pedagogia progressiva, é realmente preciso eliminá-la. Para continuar, devemos permanecer com um "potencial puro" que não é entregue à sua atualização. "Pensar o potencial puro, livre de sua subserviência à atualização", escreve Lewis, "não é seguir a luz 'mas' vagar pela escuridão e pela sombra" (LEWIS, 2011, p. 594).

[104]. Harney e Moten, 2013.

quando anda num terreno e a consciência se dá conta de que você perdeu o seu caminho. Em algum lugar você se desviou do caminho; tudo parece estranhamente fora do comum. O solo pelo qual você anteriormente trotava, com tanta confiança, oferece uma base insegura[105]. Você está em risco, até mesmo exposto. Mas, ao mesmo tempo, você participa como nunca antes, como todo som, todo lampejo de luz e todos os sentimentos são ampliados em intensidade. É na insegurança do subcomungar, e não na segurança da compreensão, que verdadeiramente nos abrimos uns aos outros e ao mundo.

Agora, esse tipo de ampliação, como Erin Manning mostrou, é característico da experiência perceptiva daqueles que – na linguagem da psiquiatria convencional – seriam diagnosticados como autistas[106]. Classicamente definida como uma condição de retirada, decorrente da falta ou ausência de habilidades normais para interagir com os outros, Manning fornece amplo testemunho, apoiado pelos escritos dos autistas, que é exatamente o oposto. O que para a maioria de nós só aparece em primeiro plano em momentos de incerteza radical – como quando, caminhando, estamos perdidos –, é para pessoas autistas uma condição crônica. A condição deles não é um fechamento tanto quanto uma abertura que, de vez em quando, pode tornar-se insuportável. A retirada, na medida em que ocorre, é uma reação defensiva ao que pode ser uma onda esmagadora de estimulação sensorial, visto que podemos colocar nossas mãos sobre os nossos ouvidos em resposta ao ruído excessivo ou proteger nossos olhos da luz. Como Manning observa, isso pode fazer os autistas parecerem desengajados ou mesmo distraídos quando, na verdade, "eles estão se demorando na verdadeira plenitude da atenção, atraídos pela complexidade infinita"[107]. No último capítulo eu distingui dois sentidos de distração por meio de sua oposição a relatos alternativos de atenção, emoldurados respectivamente pelos princípios da volição e do hábito. Em um sentido – o oposto do parar-e-verificar –, a distração significa perda de foco mental; no outro – o oposto de acompanhamento responsivo –, significa um desvio na linha de atenção. No caso dos autistas, o que nós tomamos como o primeiro caso é na verdade o último: é a distração da atração, em que uma atenção super engajada é puxada de várias maneiras ao mesmo tempo, tornando-se imóvel. É porque confundimos os dois que estamos tão propensos a diagnosticar distração autista como sendo déficit de atenção.

---

[105]. "Ser perdido enfatiza, na sua ausência, o aterramento confortável que normalmente é sentido quando se tem encontrado ou está a caminho. Quando perdido, o chão parece menos firme; a rota menos confiantemente 'feita' por cada passo por medo de que esteja se desviando do caminho" (VERGUNST, 2008, p. 119).

[106]. Manning, 2016.

[107]. Ibid., p. 138.

Os autistas ficam, segundo Manning, justamente na região em que o resto de nós passa com tanta rapidez que mal percebemos, a não ser, é claro, que percamos nosso caminho. Nós pegamos um atalho na forma, vendo-nos rodeados de pessoas e objetos que podemos categorizar prontamente. Nós sabemos quem e o que são. E só então, da segurança de nossas posições respectivas – como jogadores de xadrez alegóricos –, começamos a interagir com eles. Encerramento é a posição padrão, a partir da qual atribuímos intenções, motivos e pontos de vista para outros[108]. Mas eles, autistas, estão sempre penetrando a forma, permanecendo no meio das coisas onde nada ainda está estabelecido, colocando em primeiro plano a fonte da sempre variável experiência antes de sucumbir à partição e à categorização. Eles já estão participando e respondendo ao mundo fenomenal, mesmo antes que qualquer possibilidade de identificação e interação possa surgir. "Há um lapso de tempo importante", como Manning coloca, "entre a percepção direta da ecologia emergente e a tomada efetiva de objetos e assuntos em seu meio"[109]. Na percepção autista, é como se esse lapso fosse experienciado em câmera lenta. No entanto, a percepção autista, Manning também insiste, "não pertence exclusivamente aos autistas"[110]. É comum a crianças, cuja consciência viva ainda tem que ser reduzida pela opressão disciplinar dos adultos, e a modos de ser dos povos indígenas que os antropólogos categorizaram classicamente como "animistas". Deles é um mundo de movimento e devir, de incipiência ou nascimento contínuo, em que tudo e todos estão sempre à beira de se revelar pelo que são ou por quem são.

Na verdade, na medida em que a centelha de atenção não foi totalmente extinta, tal que a vida possa continuar, esse tipo de percepção é comum a todos nós, embora seja suprimida pelo privilégio majoritário das formas finais. É comum a todos nós porque, gostemos ou não, somos habitantes do subcomum antes que possamos encontrar nossos pés em sólida compreensão. Esta é a região da persistência autista, dos despertares da infância e do mundo anímico em formação, e está vivo com o que Manning chama de "gestos menores", aquelas pequenas perturbações ou distrações onde as coisas se desviam do curso, abrindo a experiência à variação potencial. Como nós vimos no capítulo 1, não pode haver

---

108. Essa também é a posição padrão tomada pela psicologia cognitiva *mainstream*, na qual a atribuição de as intenções para os outros, como precondição para a interação, passam pelo nome de "teoria da mente". Adequadamente, autistas são caracterizados como indivíduos cuja teoria da mente é deficiente, e que, portanto, falham na atribuição de estados mentais a outros (cf., p. ex., BARON-COHEN, LOMBARDO & TAGER-FLUSBERG, 1993). Desnecessário dizer que este tipo de psicologia sofre de um déficit de atenção que a impede de reconhecer, e muito menos compreender, a ecologia emergente da percepção direta.

109. Manning, 2016, p. 112.

110. Ibid., p. 14.

comunhão sem variação. O gesto menor é a fonte de variação que torna possível o compartilhamento. Mesmo se ofuscado pela grandiosidade dos gestos – as afirmações, as categorizações, as explicações –, do maior ao menor o gesto está sempre lá, sempre cutucando por trás dos bastidores. E a pergunta que Manning coloca em um livro recente, que adota *The Minor Gesture* [*O gesto menor*] como título, é essa: e se fôssemos levar a experiência do autismo (ou da infância, ou do animismo) como um ponto de partida para a investigação, ao invés de uma anormalidade, ou como uma condição a ser superada ou substituída pela razão? E se nós começarmos não com o "corpo saudável" de um ser completo e inteiramente armado e imunizado, mas com a abertura viva do corpo à característica mundial de autistas, bebês e animistas?

Talvez o oposto de "fisicamente apto" não deva ser "incapacitado", mas "cheio de vida". O corpo animado pode estar em risco e vulnerável à exposição, mas está pelo menos vivo para o mundo. Onde o corpo competente do agente volitivo autossuficiente é colocado para trabalhar na realização de suas intenções, o corpo animado está sempre no meio do "fazer passando", de chamar o ser para a vida, ou o que Manning chama de "viver a vida"[111]. É animado. O que, então, se nós começássemos com a aproximação à forma, com o surgimento da experiência, com a ecologia da atenção, com a fenomenologia da percepção direta, do ser animado? Em uma palavra, e se estivéssemos estabelecidos no tom menor? Como poderíamos usar isso para desafiar as doutrinas hegemônicas do maior? Quais são as implicações de tal desafio para as maneiras como pensamos sobre educação, estudo e escola, ensino e aprendizagem, e das liberdades de que ambos dependem e como exemplificam isso? Estas são as questões que abordarei neste capítulo. E minha leitura do livro de Manning, *The Minor Gesture*, inspirou-me a escrevê-lo.

O maior e o menor

Existem dois tipos de ciência, dizem Deleuze e Guattari[112]. Planejamos determinados movimentos de corpos particulares em um espaço que pode ser dividido, calculado e distribuído. Esta é a ciência importante, com a qual estamos todos muito familiarizados devido ao que nos ensinaram na escola. Nós tomamos como certa, nesta ciência, que a solidez é primordial e a fluidez derivada; essa identidade e constância vêm antes da diferença e da variação; esse movimento é a transposição retilínea de um corpo de um ponto para outro; essa complexidade pode ser fatorada através do cálculo quantitativo dos seus elementos. Ciência menor,

---

111. Ibid., p. 8.
112. Deleuze e Guattari, 2004, p. 398.

sempre uma subcorrente à principal e sem a qual não poderia existir, é o oposto em cada aspecto. Começa com fluidez e vê, em coisas que nos parecem fixadas em forma e constituição, apenas os contornos ou envelopes de movimento perpétuo. Ao fazê-lo, postula variação, heterogeneidade e torna-se antes da constância, homogeneidade e ser. Com a ciência menor, o movimento não é a transposição, mas a geração de forma, só que apenas na medida em que o próprio movimento se move: na medida em que ele se move ou curva a partir da linha reta definida como a menor distância entre os pontos. Suas relações são topológicas, não estatísticas; é complexidade não computável. E seu espaço – aqui dobrado e amassado, esticado e tenso – não pode ser contado ou dividido. Nos termos de Deleuze e Guattari, é liso em vez de estriado[113]. Não se pode considerar nem em sua magnitude ou extensão, nem em sua capacidade de multiplicação ou divisão aritmética, mas apenas no seu potencial de distorção, transformação ou metamorfose.

Cosmólogos contemporâneos, determinados a defender a autoridade do maior contra as intrusões do menor, foram caindo sobre si mesmos em suas tentativas de explicar como nas circunvoluções do universo o próprio espaço pode curvar-se por quantidades e tempos determinados e o tempo passar a velocidades diferentes, aterrando-se em contradições famosamente parodiadas pela artista Marcel Duchamp, quando em *Três paradas-padrão* ele derrubou três pedaços de corda de exatamente um metro de comprimento, de uma altura de um metro, em três telas esticadas. As curvas e inflexões das cordas caídas, cada uma pega no ato aéreo de torcer e cambalear, provoca-nos com a pergunta: "Onde está o seu medidor agora?" Nenhuma corda pode ser a medida de todas elas. Como podemos medir as variações de uma corda se a operação de medição nos obriga a endireitá-la – eliminando assim toda a variação? Tente você mesmo: cada pedaço de barbante, quando cai, cai em seu próprio caminho singular, nunca direto, em todos os pontos ao longo de seu comprimento, desviando um pouco do curso. A única maneira de medir tal peça é juntar-se a ela, refazer seu comprimento, ou, em uma palavra, segui-la. Medir, então, é seguir; a medição não está ligada a um valor absoluto, mas é realizada no gesto do vestígio. Tomar a medida das coisas, na ciência menor, não é traçar uma série de pontos e conectá-los em uma ordem mais alta de relação. Não vamos de fatos "no chão" para teorias, por in-dução, nem inversamente das teorias aos fatos por um processo inverso da de-dução, mas sim ao longo do caminho sensível de uma variação contínua, que é por ex-dução. Somos levados ao longo do caminho.

De todo modo, de acordo com Deleuze e Guattari, é um problema e não um teorema[114]. O teorema é racional, o problema, afetivo. E em se tratando de pro-

---

113. Ibid., p. 398-399.

114. Ibid., p. 399.

blemas reais, longe de se fecharem em uma solução, eles oferecem uma abertura. Falsos problemas já contêm suas soluções, escondidas dentro deles, e o desafio é encontrá-las. O quebra-cabeça, o cubo de Rubik, as palavras cruzadas: todas têm sua resposta correta, e sua resolução pode a princípio e com a prática ser acelerada até o ponto em que não leva tempo algum. Mas problemas reais não têm soluções. Eles devem ter tempo – um tempo que é dado ao que Manning chama de "experimentação do paciente"[115]. Essa não é a paciência do grande cientista que, como uma catraca, voltaria pelo mesmo procedimento, de novo e de novo, a fim de verificar seus resultados. O objetivo na experimentação do paciente não é testar uma hipótese preconcebida, mas abrir um caminho e seguir onde quer que possa levá-lo. Não é tanto iterativo como itinerante; uma jornada realizada em vez de um ciclo de retornos em um ponto fixo. Isto funciona mais pela intuição do que pela razão; abrindo a partir de dentro, em vez de penetrar de fora. É mais prospectivo do que retroativo, improvisatório do que prescritivo, especulativo, em vez de confirmatório. A paciência da experimentação, nesse sentido, está na dinâmica da atenção e na resistência da espera. Nós temos que permitir que as coisas entrem em presença, em seu próprio tempo: elas não podem ser forçadas.

Considere, por exemplo, o caminho feito pela caminhada. O caminho é um problema real: desafia-nos a continuar, mas continuando não resolvemos o problema, porém continuamente respondemos a ele. Isto quer dizer, correspondemo-nos com isso. O caminho oferece uma maneira de continuar e de ser transportado e ao longo do qual temos que seguir em frente; cada passo não nos aproxima de nenhuma solução final mas cada um, no entanto, anuncia um novo começo. Um problema, como dizemos, leva a outro. E cada passo variável, enquanto caminhamos juntos nos subcomuns, é um pequeno gesto. No andar como em qualquer outro movimento do hábito, um desejo indefinível que brota na atenção e nos atrai para fora ao longo do caminho, eventualmente, amadurece em uma manobra precisamente dirigida e habilmente executada: o passo. Assim, a submissão dá lugar ao domínio, como respirar para expirar[116]. Para Manning, isso torna o movimento decisional em vez de volitivo[117]. A decisão implica literalmente um corte, mas é um corte de um tipo particular. Uma maneira de obter a sua particularidade é comparando a forma como podemos cortar madeira: com a corrente com uma serra ou contra a corrente com um machado. A serra, cortando transversalmente, oferece uma determinação. Eu meço a madeira e decido deliberadamente onde cortar para dividi-la em blocos com os comprimentos desejados. A madeira é mera matéria em minhas mãos para ser moldada de acordo com

---

115. Manning, 2016, p. 13.
116. Ingold, 2015, p. 139-140.
117. Manning, 2016, p. 19.

minha especificação e, ao cortar, ela é reduzida à polpa homogênea embaixo da lâmina. Com o machado, ao contrário, eu entro na matéria, abrindo a madeira de dentro de uma linha fibrosa que eu não desenhei, mas que foi incorporada na madeira durante uma história de crescimento, quando fazia parte de uma árvore viva. "É uma questão de se render à madeira", dizem Deleuze e Guattari, "seguindo depois para onde ela leva"[118].

No cortar da madeira a decisão emerge desta correspondência entre madeira e metal, e das forças reprimidas em cada uma delas quando elas se colocam em engajamento. É uma decisão tomada no cortar, não antes disso, e altera o curso do evento, como Manning coloca, "no evento"[119]. Ao fazê-lo, introduz uma variação, não no próprio movimento, mas no modo como o movimento se move. Isto é o que Manning chama de "inflexão". O ponto de inflexão marca a transição da submissão para a maestria, ou do desejo à manobra, em que "uma incipiência vaga se torna uma direcionalidade"[120]. E atender a isto significa perceber diferenciais no movimento: na fenda da madeira ou na marcha variável do andador, mas igualmente na subida ou descida da linha melódica no canto ou no duto da caligrafia. Cada corte decisional – seja em madeira, caminhar, cantar ou escrever – implica um diferencial no caminho de movimento que se move e que eventualmente o leva nesta direção ou naquela. É isso o que habilidade é: não impor forma exterior à matéria complacente, mas encontrar o fundamento das coisas e dobrá-las para um propósito em evolução[121]. Não é por acaso que a palavra "habilidade" tem suas raízes no médio baixo *schillen* alemão, "para fazer a diferença", e no nórdico antigo *skilja*, "para dividir, separar, distinguir, decidir"; nem que compartilhe uma afinidade etimológica com a palavra "concha", um invólucro que é aberto pela divisão ou quebra ao longo da essência. O gesto menor cliva o evento de dentro. É, em suma, um modo do que chamarei de "diferenciação intersticial"[122].

A liberdade do hábito

Deixe-me voltar mais uma vez aos dois sentidos de atenção introduzidos no capítulo 2, fundados respectivamente nos princípios da volição e do hábito. No primeiro sentido, de parar e verificar, a atenção interrompe o movimento

---

118. Deleuze e Guattari, 2004, p. 451.

119. Manning, 2016, p. 20, ênfase adicionada.

120. Ibid., p. 118.

121. Ingold, 2011, p. 211.

122. Ingold, 2015, p. 23.

para estabelecer uma relação transversal entre sujeito e objeto, mente e mundo. No segundo sentido, de acompanhamento responsivo, a atenção segue os movimentos animados com os quais ela é ressonantemente acoplada: é um passo em frente, não transversal mas longitudinal. De Masschelein, já aprendemos como o caminho da atenção, tomada neste último sentido, abre um caminho através dos elos transversais postulados por uma atenção do primeiro tipo. Como deve ser agora evidente, esta distinção entre o transversal e o longitudinal é precisamente equivalente à traçada acima, entre o maior e o menor. As duas chaves são ortogonais entre si. É a reivindicação do maior para que orquestremos e direcionemos nossas ações de fora; para cada um e todos quando fazemos isso, tomamos uma decisão de nossa própria vontade e agimos de acordo com ela. Tais afirmações, no entanto, tipicamente pertencem à maneira como explicamos nossos atos em retrospecto, que é o que Manning chama de *"backgridding"* [retrospectiva] em eventos que já ocorreram[123]. Nós podemos sentir que agimos por nossa própria vontade, como se nossa agência intencional fosse a causa e, a ação, o efeito, mas o sentimento de volição não deve ser confundido com a volição em si. A verdade é que não é mais possível ficarmos de fora de nossas ações e assumir o controle total desde o início do que separar, na experiência, o que fazemos do que nós sofremos. Na prática, as decisões emergem no fazer, onde o agente permanece dentro da ação. Aqui, o ato emerge de dentro do campo de atenção como um movimento incipiente, mal sentido a princípio, amadurece em um firme senso de direção. Isso serve para reconhecer a força geradora do menor.

    Esse reconhecimento implica que somos menos livres do que pensávamos? De modo nenhum. Eu quero argumentar, ao contrário, que o princípio da volição concede apenas uma liberdade ilusória, e que a verdadeira liberdade deve ser encontrada no princípio do hábito. Esta não é uma questão de qual proporciona mais liberdade, hábito ou volição? É uma questão do tipo de liberdade que está em jogo. Para encontrar uma resposta, vamos nos juntar ao andarilho no caminho. Que tipo de liberdade ele aprecia? Não é uma liberdade que ele possui, como indivíduo, para usar como quiser. Pois ele é obrigado a submeter-se ao caminho e seguir aonde ele leva. Mas nem ele está sujeito a uma determinação externa, assim como os detentos de um labirinto que, diante de múltiplas opções em cada turno, são, no entanto, murados por todos os lados[124]. O labirinto é um quebra-cabeça que já contém uma solução: é um falso problema. E, da mesma forma, a liberdade que proporciona é uma liberdade falsa. Assim como problemas falsos são definidos por suas soluções, as falsas liberdades são definidas por seus objetivos. O labirinto é um cenário, e seus presos, pensando-se livres, já

---

123. Manning, 2016, p. 19.

124. Ingold, 2015, p. 131.

estão de fato aprisionados. A falsa liberdade termina nos objetivos que a necessidade coloca antes dela. O caminho feito a pé, no entanto, embora possa variar em intensidade, sempre continua, sempre supera seus objetivos, e aí reside sua liberdade. Esta não é uma liberdade eletiva, para escolher entre uma variedade finita de opções ou – como na definição formal de economia – para alocar meios escassos para fins alternativos. É antes uma liberdade para improvisar, encontrar um caminho na medida em que se avança em resposta a variações ambientais. Em vez de uma escolha entre os fins, o caminho permite o começo perpétuo; ao invés da liberdade de se posicionar, isso permite movimento; ao invés da liberdade de trocar e interagir, ela propicia crescimento e correspondência.

Em suma, assim como o caminho trilhado pela caminhada é um problema real, sua liberdade é uma verdadeira liberdade. Criticamente, a verdadeira liberdade não é constituída por sua oposição à necessidade de determinação. O paradoxo da falsa liberdade, como o filósofo Roberto Esposito observou, é que ela é inexoravelmente arrastada "em direção a um resultado destinado, sua própria negação"[125]. Tal liberdade deve sempre se definir contra a necessidade. Você pode ser livre para perseguir seus objetivos escolhidos, mas de onde vieram esses objetivos? O muito alardeado "livre-arbítrio do sujeito humano equivaleria a não mais do que uma vibração sem objetivo, dentro dos limites de determinações estruturais preexistentes, se não fosse subscrito por alguma finalidade anterior. Talvez este propósito também tenha surgido por um livre ato de vontade, mesmo subscrito por um propósito que se originou da mesma forma. Mas essa contabilidade regressiva, por mais distante que tentemos levá-la – e poderia, em princípio, retroceder ao infinito –, nunca pode esgotar a experiência do ser vivo e criativo. E é no excesso de experiência sobre a ação, na abrangência de fazer dentro de sofrer – ou, em suma, em nossa habitação em hábito – que o *locus* da liberdade real reside. Tal liberdade, escreve Esposito, "deve ser entendida não como algo que se tem, mas como algo que se é", não é exclusividade da nossa humanidade essencial, mas a liberação do ser humano para a existência, para a vida[126]. Assim, a liberdade do caminho não é negativa – não é uma antinecessidade – mas uma afirmação positiva da vida, crescimento e movimento. A vida não tem um resultado destinado, salvo mais vida; crescimento não resulta de salvar mais crescimento; movimento nenhum resulta de salvar mais movimento. Onde a liberdade volitiva é dirigida para o fim, a liberdade do hábito, como diz Esposito, é "puro começo"[127].

Ademais, isso carrega o corolário crucial de que liberdade e necessidade devem andar juntas. Elas não são opostas, mas codependentes. De fato, o princípio

---

125. Esposito, 2012, p. 54.

126. Ibid.

127. Ibid.

de sua codependência já nos é familiar, pois é o mesmo princípio que faz da variação uma condição para comungar, e vice-versa. Esposito encontra o princípio na busca pela etimologia apropriada das palavras *"freedom"* e *"liberty"* [ambas significam liberdade em português], aquela tem suas raízes no sânscrito *frya* (daí "livre", "amigo"), a outra na indo-europeia *leuth* ou *leudh* (de onde "amor", "vida", em alemão *lieb*). Em seu sentido originário, conclui ele, a liberdade nada tem a ver com a remoção de impedimento ou restrição. Em vez disso, "carrega um sentido poderosamente afirmativo que é político, biológico e físico, e que lembra uma expansão, florescimento ou crescimento, ou um crescimento que reúne"[128]. Agora, Esposito não arrisca uma etimologia da necessidade, mas se ele tivesse feito isto, ele provavelmente teria chegado à mesma conclusão. Pois a palavra é composta pelo latim *nectere* ("ligar", possivelmente do indo-europeu *noc*, de onde "nó" e "nexo") e *esse* ("ser"). A necessidade liga vidas em amor e amizade, isto é, em liberdade [*"freedom"* e *"liberty"*]. Talvez haja uma distinção a ser feita entre a real e a falsa necessidade, assim como existe entre a liberdade real e a falsa liberdade. A falsa necessidade junta as coisas, como as palavras de uma frase ou as peças de uma máquina, em uma estrutura articulada, em uma estrutura totalmente conectada, na qual tudo é unido e onde nada poderia viver ou crescer. A necessidade real, em contraste, significa unir-se a, como na correspondência de vidas, e de fato de gerações, que vão bem juntas, jovens e velhos, crianças e seus pais, alunos e seus professores. Esta não é uma necessidade rígida que só admite liberdade na escolha de diferentes possibilidades combinatórias, mas uma necessidade flexível nascida do compromisso e da atenção aos outros e às maneiras pelas quais eles querem seguir[129].

Esse é o ponto em que devemos voltar à noção de agenciamento, que introduzi no último capítulo – seguindo Manning – para denotar o "fazer passando" do hábito. Em contraste com a agência do sujeito volitivo, eu tomo agenciamento para me referir ao modo como o "eu" do hábito é continuamente engendrado na esteira da ação, mais como pergunta do que como afirmação. Para Manning, agenciamento é equivalente ao processo de decisão que eu chamei aqui de diferenciação intersticial, abrindo a "clivagem do evento" a partir de dentro. É, na sua definição, "a intensidade dirigida de um movimento de composição que altera o campo de experiência"[130]. Em francês a palavra é o gerúndio do verbo *agencer*, que pode ser traduzido para o português, embora desajeitadamente, como "agenciar", daí "agenciamento". No entanto, em seu sentido primário, o *agencer* sugere algo completamente diferente, o que implica nem clivagem, nem dife-

---

128. Ibid., p. 52.

129. Ingold, 2015, p. 23.

130. Manning, 2016, p. 134.

renciação, nem mesmo geração. Significa, em vez disso, encaixar as partes que suportam apenas uma relação externa entre si, a fim de fazer um todo coerente: como, por exemplo, quando você constrói um modelo a partir de um kit de construção. Em uma palavra, é montar. O agenciamento, então, é simplesmente uma assembleia. É esse duplo significado de agenciamento, referindo-se de uma vez a um processo de diferenciação intersticial e montagem exterior, de correspondência e articulação, juntando-se a e juntando-se, que tornou o termo tão difícil de traduzir, mas também tão rico em potencial semântico.

Deleuze e Guattari fazem pleno uso deste potencial cooptando o *agencement* como o fulcro em torno do qual se compõem as meditações espalhadas em seu volume coescrito, *Mil platôs*. Em suas mãos, trabalham para separar as coisas – ou para libertá-las – das determinações da sua articulação exterior, precisamente para que os seus constituintes materiais possam ser liberados no movimento composicional de suas correspondências. Um livro, dizem eles, é um *agencement* nesse sentido. Um livro, o livro deles, "não tem nem objeto nem sujeito; é feito de materiais formados de várias maneiras [...] Nunca vamos perguntar o que um livro significa [...]; não vamos procurar nada para entendê-lo. Vamos perguntar com o que funciona"[131]. Deleuze e Guattari estão implorando conosco, seus leitores, para não tratar o livro como um artefato completo, contido em suas capas, para ser analisado e interpretado. Eles querem que nós leiamos o livro como o escreveram e, ao fazê-lo, tecer nosso pensamento com o deles – para corresponder com eles – em uma jornada sem fim, em que nos comprometemos juntos. Escrita, para eles, é como andar: é "uma experimentação em contato com o real"[132], um movimento improvisador que é a todo momento responsivo às tendências das coisas. Aqui cada palavra, como cada passo, é um gesto menor, um momento de exposição. O que o *agencement* faz, então, é uma modulação da chave principal para a secundária.

A liberdade aberta por esse movimento, escreve Manning, "nos afeta, nos move, nos dirige, mas não nos pertence"[133]. Não pertence nem individualmente, nem como um direito exclusivo, nem comum a algum tipo de coletividade caracterizada pela preposse de uma identidade. Ela pertence mais – nas palavras de Manning – a uma "coletividade viva com a diferença"[134]. Esta é a comunidade (*com-munus*) – no sentido já encontrado no capítulo 1 – daqueles com algo para dar porque eles não têm nada em comum. É o subcomum. Assim, a liberdade à

---

131. Deleuze e Guattari, 2004, p. 4.

132. Ibid., p. 13.

133. Manning, 2016, p. 25, ênfases adicionadas.

134. Ibid., p. 6.

qual pertenço (em oposição à liberdade que pertence a mim), e pela qual estou possuído, é a liberdade dos subcomuns. Tal liberdade é uma propriedade não de mentes individuais, individual ou coletivamente, mas de uma ecologia das relações. Mas também é a necessidade com a qual ela corresponde. Tanto a liberdade real quanto a necessidade real são exemplificadas nos gestos menores pelos quais vidas são vividas subcomumente juntas. Aqui, a liberdade cai para nós como uma tarefa – nós devemos a ela mais do que a possuímos – e em seu cumprimento descarregamos nossa dívida com os outros, não como uma obrigação, mas como um dever. Estamos ao mesmo tempo livres e obrigados a responder aos outros. Isto, como vimos, é como nós trazemos outros à presença e cuidamos deles. Não pode haver liberdade, nesse sentido, sem responsabilidade e sem cuidado. Finalmente, é isso que significa habitar na liberdade do hábito.

Sobre o que significa estudar

Na Grécia Antiga, a escola (*scholè*) era designada como tempo livre[135]. Para os estudantes de hoje e seus professores isso soa estranho, se não contraditório. Certamente, o tempo na escola é exatamente o oposto de livre: é o tempo durante o qual os alunos estão vinculados a um regime institucionalizado de constrangimento comportamental e disciplinar, e os professores à entrega precisamente programada de um currículo prescrito. Liberdade significa lazer, folga; intervalos durante os quais restrições institucionais são relaxadas e os desejos privados podem ter precedência. Mas em suas reflexões sobre o sentido original da educação, Masschelein explica que o tempo escolar era livre, na antiguidade grega, em outro sentido bem diferente. *Scholé*, como ele diz, significa "tempo sem destino e sem objetivo ou fim"[136]. Era livre porque, enquanto frequentavam a escola, os alunos podiam temporariamente deixar de lado, ou manter em suspenso, as expectativas normativas e hierarquias de *status* que regulavam suas vidas na sociedade. Neste espaço liminar, de transição, eles poderiam unir-se aos seus professores em uma comunidade de iguais, mas uma comunidade em que cada um é diferente, e cada um tem algo para dar. O objetivo da escola não era fornecer a cada criança um destino na vida e os meios para cumpri-lo, na forma de uma dada identidade com seus modos particulares de falar, agir e pensar. Muito pelo contrário: foi in-destinar, suspender as armadilhas da ordem social, para separar meios de fins – palavras de significados, propriedade de uso, atos de intenções, pensando a partir de pensamentos –, de modo a libertá-los, trazê-los para a presença no aqui e agora, e colocá-los à disposição de todos. Aqui, na escola, nada é o que foi, ou

---

135. Masschelein, 2011, p. 530.

136. Ibid.

o que ainda será. E como um arquiteto da *scholè*, o educador ou professor, de acordo com Masschelein, "é aquele que acaba, que desfaz a apropriação e destino do tempo"[137]. Ele ou ela não é tanto um guardião de fins como um catalisador de princípios, cuja tarefa é restaurar a memória e a imaginação para o alongamento temporal da vida.

A educação, nesse sentido, é uma forma de saudade, uma prática de cuidado, uma maneira de fazer passando por algo, e sua liberdade é a liberdade do hábito. O que Masschelein caracterizou, sob a rubrica do *scholè*, é claro que não é nada mais do que o subcomum"um campo de relações", como Manning o descreve, "fabulado nos interstícios do agora e do não-ainda"[138]. É um campo vivo com pequenos gestos, nos quais os falsos problemas podem ser deixados de lado para os verdadeiros – "problemas que nos unem no modo de investigação ativa"[139]. Estes são problemas que não cedem a respostas, mas apenas a problemas futuros, novos encontros, novas aberturas. É por isso que o estudo adequado nunca pode ser a aplicação do método. Pois o método, alinhado ao tom maior, "procura capturar o gesto menor"[140]. Convertendo perguntas em resultados, em respostas, o método paralisa o estudo, coloca um fim nele. O que continua movendo o método, ao contrário, é a experimentação cuidadosa. O estudo cuidadoso é crítico, mas não é uma crítica. Não tem assunto ou objeto. Não começa com o já pensado, ou triangula entre posições fixas ou pontos de vista. "Onde eu estou", para Manning, é – como seu complemento, o "objeto de estudo" – a menos interessante das questões: a questão que impede o estudo em suas trilhas, alinhando-o ao método disciplinar e ao poder institucional[141]. Para que o estudo continue, o pensamento crítico deve superar a crítica autoconsciente: o estudo, diz Manning, "encanta a ativação do ainda-não-pensado"[142]. No estudo, pensar sempre excede a conceptualização; é o que o torna especulativo. As práticas de estudo, pacientemente experimentais, sempre abertas ao excesso, sem restrições a um suporte, pragmaticamente especulativas, estão "entrincheiradas no próprio processo de criação de tempo", e ainda – na suspensão desse tempo, em suspensão às demandas da sociedade, suas apropriações do passado e seus projetos para o futuro – "permanecem ino-

---

137. Ibid.

138. Manning, 2016, p. 221.

139. Ibid., p. 10.

140. Ibid., p. 12.

141. Ibid., p. 39.

142. Ibid., p. 12.

portunas"[143]. Estudar nos subcomuns, Manning conclui, "traz passado e futuro em uma coexistência móvel"[144].

Um número de consequências se segue a partir desta visão do estudo, e quero focar em apenas três delas. A primeira é que o estudo não pode ser feito por conta própria. A ideia de "estudo independente", como algo realizado isoladamente, é simplesmente insustentável. Nunca se está sozinho. "Estudar é o que você faz com outras pessoas", diz Moten, em uma entrevista com o teórico social Stevphen Shukaitis. "Está falando e andando com outras pessoas, trabalhando, dançando, sofrendo, alguma convergência irredutível de todos os três"[145]. E Harney, seu coautor, concorda:

> Eu estive pensando mais e mais acerca do estudo como algo não onde todo mundo se dissolve em aluno, mas onde as pessoas se revezam fazendo coisas umas para as outras ou para terceiros, e onde você se permite ser possuído por outros enquanto faz alguma coisa. Isso também é um tipo de desapropriação de algo a que você poderia de outra forma ter se apegado, e essa posse é liberada de uma certa maneira voluntariamente, e então alguma outra posse ocorre através de terceiros[146].

Essa desapropriação mútua – essa oferta para os outros do que se tem, ou mesmo do que se é – equivale, nos nossos termos, ao processo de comungar. Na medida em que qualquer conhecimento e experiência que os participantes possam trazer para o processo – seja na forma de um texto escrito, fórmula matemática ou um gesto manual – devam ser desanexados dos contextos nos quais encontram utilidade e significado na ordem social vigente e serem oferecidos como são, devem ser tornados públicos, para todos verem e ouvirem, e para fazerem disso o que quiserem. Como Masschelein e Simons colocam, em sua defesa da escola como um local de estudo, essas coisas devem ser "desembrulhadas e colocadas sobre a mesa"[147]. A escola, para Masschelein e Simons, é onde as pessoas se reúnem em volta da mesa e cuidam das coisas ali colocadas. E atendendo às coisas pelo que são, não como um meio para os fins, é o que Masschelein e Simons chamam "estudo". Para eles, o estudo não reside na apropriação do conhecimento, mas na sua desapropriação, sua desfamiliarização e desprivatização. Suspenso do uso, talvez por pessoas da geração mais velha, ainda não é apropriado pelas pessoas mais jovens. Isto é

---

143. Ibid.

144. Ibid., p. 224.

145. Harney e Moten, 2013, p. 110.

146. Ibid., p. 109.

147. Masschelein e Simons, 2013, p. 40.

o que torna possível para cada geração recomeçar, para se experimentar como uma nova geração[148].

A segunda consequência dessa visão de estudo é que ela não é intermediária, mas em transição[149]. Por "intermediário" quero dizer um estágio de transição de um estado para outro: do passado ao presente, da infância à idade adulta, da ignorância ao conhecimento. A direção da viagem é daqui para lá, e o aluno – na metade do caminho – nunca deixa de ser consciente de onde ele veio e para onde está indo. Isto é o que significa estudar em tom maior. O menor, no entanto, irrompe nessa sequência linear, e atravessa a brecha como um rio através de uma represa estourada. Em suas reflexões sobre educação em *The Troubadour of Knowledge*, Michel Serres recorre a tal imagem quando se compara a um nadador, enfrentando a corrente de um rio rápido. Aqui, no meio do caminho, ele entra em um segundo rio desconhecido para os que ficaram nas margens: para amigos e familiares, para o funcionalismo, para a maioria. Este segundo rio, depois de um tempo, não tem mais margem direita ou margem esquerda; ele não dá lugar a terra seca ou perspectiva imediata de chegada do outro lado, nem posição antecipada na solidez. Em vez disso, o nadador é levado de cabeça por uma corrente que não tem ponto de origem ou destino final, em uma direção ortogonal à linha de conexão às margens de cada lado. "A passagem real", afirma Serres, "ocorre no meio"[150]. Isto é, no meio-termo. É, em francês, um meio (literalmente, *"middle-place"*), uma palavra que o inglês prontamente pegou emprestada, talvez por falta de uma alternativa melhor. O notável sobre o meio, no entanto, é que, enquanto para a maioria ele existe apenas como a linha mais fina entre aqui e lá – uma linha sem espessura ou dimensão; na verdade, uma abstração geométrica –, na experiência do nadador, quando ele entra no segundo rio que explode em um cosmos inteiro que o envolve e engole em seu âmago[151], a linha média imperceptível se desdobra em um universo. E isso, sugerem Masschelein e Simons, é exatamente como devemos imaginar a escola. É um lugar quase invisível, intermediário, um meio. Do lado de fora parece fechada, mesmo claustrofóbica. Mas para aqueles que entram, abre-se para revelar um mundo[152].

---

148. Ibid., p. 38.

149. Ingold, 2015, p. 147-152.

150. Serres, 1997, p. 5.

151. "Notavelmente, a língua francesa define essa palavra meio como um ponto ou um fio quase ausente, como um plano ou uma variedade sem espessura ou dimensão e, de repente, como a totalidade do volume em que vivemos: nosso ambiente. Nova inversão: do meio-lugar (*mi-lieu*), uma pequena localidade excluída, insignificante, pronta a desaparecer, para o lugar intermediário (*milieu*), como um universo à nossa volta" (SERRES, 1997, p. 5).

152. Masschelein e Simons, 2013, p. 36.

O estudante, mergulhando no meio, deve, no entanto, deixar seus pertences para trás. Isto é a terceira implicação do estudo em tom menor, e novamente o *scholè* da antiguidade grega oferece um modelo. O aluno foi originalmente definido como um órfão, alguém sem família. Na escola, a criança é temporariamente transformada em pupila, sendo despojada de suas conexões familiares. Esta era a tarefa do pedagogo, geralmente um escravo da casa que literalmente andava com a criança de casa para a escola, mas as deixava nos portões, não participando do que acontecia dentro. É tão diferente hoje? Daniel Pennac, escrevendo no *School Blues* sua experiência de ensinar alunos "difíceis" nos distritos suburbanos da França, fala da importância de permitir aos alunos que se separem, mesmo que por algumas horas todos os dias, de um passado que já os define como deficientes e de um futuro desprovido de perspectivas. Ele os vê chegando à escola, cada um embrulhado como uma cebola, camada após camada de medo, preocupação, amargura e raiva: "Olha, aqui vêm eles, seus corpos em processo de devir e suas famílias em suas mochilas. A lição não pode realmente começar até que o fardo seja deixado e a cebola descascada"[153]. Uma vez tendo perdido a pele, eles podem embarcar em um processo de renovação. Passado e futuro são deixados de lado, enquanto eles são atraídos para o que Pennac chama de "presente do indicativo"[154]. Este é o presente suspenso do aqui-e-agora que permanece inoportuno, como Manning diz, em sua derrocada, no tom menor[155]. Mas estar coletivamente presentes, ambos aqui e agora, significa não apenas que você está presente para os outros. Eles também estão presentes para você. Eles também são elevados das posições e categorizações em que foram consignados pela maioria, libertados dos fins para os quais são habitualmente implantados, e trazidos à nossa atenção não como objetos de respeito, mas como coisas animadas em seu próprio direito, em relação às quais somos obrigados a responder. É neste momento, dizem Masschelein e Simons, "que as coisas – separadas dos usos e posições privados – tornam-se 'reais'"[156]. Eles agem, eles falam diretamente para nós, nos fazem pensar: não apenas sobre eles, mas com eles. Eles se tornam parte do nosso mundo, como nós somos parte do mundo deles. Nós nos importamos com eles, como eles se importam conosco. Isto é o que significa estudar.

---

153. Pennac, 2010, p. 50; citado em Masschelein e Simons, 2013, p. 35.

154. Pennac, 2010, p. 51.

155. Manning, 2016, p. 12. Como diz Tyson Lewis sobre o tempo de estudo, não é "ainda não" nem "não mais", mas ambos "não mais" e "ainda não" simultaneamente (LEWIS, 2011, p. 592, ênfases originais). Cf. tb. Ingold, 2015, p. 146.

156. Masschelein e Simons, 2013, p. 47.

Da explicação ao sentimento

Vamos dar um passo atrás para reafirmar a posição majoritária. O estudo, em tom maior, é um esforço rigoroso e metódico de aquisição de conhecimento. Seu objetivo é estabelecer as bases para uma compreensão futura. Tem um começo e um ponto final. No início, o aluno carece de conhecimento, mas, no final, ele o possui. Mas como nós vimos no capítulo 1, "aquisição" pode ser lida em dois sentidos opostos, e apenas um deles se qualifica como estudo. Este é o sentido atribuído à ciência e à civilização: a aquisição progressiva de conhecimento através de investigação empírica e análise racional. O estudo nesse sentido é ativo, é o que fazemos, ele enquadra e justifica os testes pelos quais passamos e serve para nos elevarmos da ignorância à iluminação. Mas esse sentido precipita seu oposto: a saber, a aquisição como mera absorção das formas tradicionais por meio do mecanismo supostamente inferior de imitação. É assim que as pessoas de outras culturas devem aprender "naturalmente" e sem esforço, e é uma maneira de aprender que muitas vezes atribuímos aos mais jovens em nossos próprios círculos sociais. Compare, por exemplo, como tendemos a descrever o aprendizado, por um lado, pelos bebês de sua língua materna e, por outro lado, pelas crianças em escolas de idiomas diferentes dos seus. Não hesitaríamos em descrever o aluno como um estudante de uma língua estrangeira. No entanto, parece quase perverso descrever o bebê como um estudante de sua língua materna. O berçário, certamente, não é um local de estudo, a menos que você esteja nele como um pesquisador do desenvolvimento da primeira infância. O que essa diferença diz sobre as principais atitudes em relação à educação? E se, em vez disso, pensarmos na criança como estudante por excelência?

É essa última questão que Rancière toma como ponto de partida, em sua exploração crítica do potencial emancipatório da educação[157]. No capítulo 2, aprendemos com Rancière como a educação no sentido forte – isto é, em tom maior –, embora prometa emancipação, na verdade reproduz a percepção de uma desigualdade fundamental de inteligência entre os que são encarregados de serem pedagogos, com a explicação do conhecimento, e os comprometidos com o papel de alunos, para que isso lhes seja explicado. Virando a convenção de ponta a cabeça, Rancière argumenta que não são os ignorantes que precisam de explicadores, para que possam eventualmente assumir o manto da civilização, mas sim os explicadores que precisam dos ignorantes, e de fato os constituem como tal, a fim de demonstrar seu domínio adquirido. A educação forte, longe de elevar todas as gerações, é um rebaixamento que cada um inflige, por sua vez, a seus sucessores. Isso significa, nas palavras de Rancière, não um entendimento

---

157. Rancière, 1991.

esclarecido, mas um "embrutecimento forçado"[158]. Por que, ele se pergunta, os alunos precisam ter as coisas explicadas para eles? Dados os materiais necessários e um incentivo para estudá-los juntos, não são eles inteligentes o suficiente para resolver as coisas por si mesmos? Assim sendo, isso não traz uma compreensão mais profunda do que jamais poderia ser alcançado até mesmo por métodos mais poderosos de explicação?

Isso, afinal, é exatamente como as crianças aprendem a língua materna na infância. Qualquer um que criou uma criança sabe muito bem que a língua não vem como uma estrutura pronta que só precisa ser inserida em uma mente infantil preprogramada para recebê-la e que sua aquisição – envolvendo uma enorme quantidade de experimentação do paciente, fundada em atenção e capacidade de resposta, cuidado e saudade – é um processo aberto de redescoberta. De fato, há todos os motivos para descrever esse processo como um processo de educação e, a criança, como estudante, no sentido fraco exposto nos parágrafos anteriores. E se as crianças podem alcançar prontamente a fluência na língua materna, por que não devemos permitir que elas possam alcançar o domínio em outros campos com a mesma inteligência e praticamente da mesma maneira? No entanto, tudo na sociedade procede como se fosse o contrário, como se a criança, iniciando a educação formal, não pudesse mais depender da mesma inteligência que serviu tão bem até então. É como se uma opacidade se instalasse – uma opacidade que vem com a própria ideia de entendimento. É essa ideia que cria um déficit e coloca a criança em prejuízo. "A criança a quem se explica", escreve Rancière, "dedicará sua inteligência ao trabalho de estar de luto: [...] entender que ela não entende, a menos que lhe seja explicado"[159]. Todos os avanços que fazem com que as coisas sejam entendidas – a perfeição dos métodos de ensino, a simplificação de argumentos complexos, a explicação de explicações – resultam apenas na intensificação da condição de embrutecimento.

Qual a alternativa? Todos sabemos coisas que nunca foram explicadas para nós, coisas essas que podem até ser inexplicáveis. Dependemos desse conhecimento a cada momento de nossas vidas para a realização de tarefas práticas. É o conhecimento que cresceu em nós na prática do hábito, através das encenações experienciais do fazer, mas que é tão profundamente arraigado em nossa pessoa a ponto de permanecer fora do alcance da explicação e da análise. O filósofo Michael Polanyi chamou isso de "conhecimento tácito"[160]. Aquilo que está disponível para explicação, Polanyi pensou, é apenas um pináculo comparado à imensidão do domínio tácito que se encontra abaixo. Mas, no entanto, era uma posição

---

158. Ibid., p. 7, ênfases originais.

159. Ibid., p. 8, ênfases originais.

160. Polanyi, 1966.

majoritária que, ao estabelecer o tácito na oposição diametral ao explícito, força o conhecimento e a inteligência dos subterrâneos sem instrução, para níveis subterrâneos de consciência. Até mesmo Manning sucumbe à tentação de relegar o conhecimento nascido do hábito para o domínio do subconsciente, "por baixo das palavras"[161]. Outros teóricos, apaixonados pelo conceito de incorporação, permitiram que ela afundasse ainda mais, nos recantos escuros do automatismo corporal, onde o hábito se torna *habitus*[162]. Mas o menor não corre mais por baixo do maior como um rio debaixo de suas margens. Não está embaixo, mas no meio; seu domínio abre-se do lugar intermediário (*mi-lieu*) para abranger o mundo. O meio não é um depósito oculto; é uma abertura para sentir – para o que Harney e Moten, em seu relato dos subcomuns, chamam o "sentir para sentir os outros sentindo você", ou "*hapticality*"[163]. É executado em uma dimensão ortogonal ao maior, não diametral a ele. Chamar essa dimensão háptica de "tácita" é um nome impróprio. Se alguma coisa interrompe o conhecimento e o compromete ao silêncio, é a lógica da explicação.

A explicação, para Polanyi, significava transformar coisas em palavras, em fala ou escrita, ou em símbolos equivalentes, como em uma fórmula matemática. Isso, ele pensou, implica usar as operações gêmeas de especificação e articulação. Especificar significa fixar as coisas em coordenadas fixas de referência; articular significa uni-las a uma estrutura completa. Assim, especificamos quando plotamos pontos em um gráfico, inserimos valores em uma equação ou digitamos palavras em uma página; articulamos quando juntamos tudo isso: pontos com linhas, valores com sinais de mais ou de menos, palavras com espaços. A frase do tipo – estruturada de ponta a ponta, livro terminado por uma maiúscula e um ponto final – é a quintessência da articulação letrada. Como o preso em sua cela, também condenado a um termo fixo, suas palavras são encarceradas, condenadas ao silêncio e à imobilidade. Especificação e articulação, as chaves da explicação lógica, bloqueiam as portas para o sentimento[164]. O que escapa então? A parte

---

161. Manning, 2016, p. 24.

162. Após a reintrodução do conceito de *habitus* na antropologia e no trabalho etnológico de Marcel Mauss (1979), a principal responsabilidade por sua atual associação com a incorporação pode ser atribuída a escritos sociológicos de Pierre Bourdieu, em cuja "teoria da prática" os princípios do *habitus* são instalados por meio de "exercícios estruturais" que, como ele diz, nunca atingem "o nível do discurso" (1977, p. 87-88). Psicologicamente, eles permanecem no subsolo, além do alcance da consciência. Eles não podem ser articulados ou tornados explícitos. Inefável, incomunicável e, portanto, inimitável por qualquer esforço consciente, esses princípios recebem corpo, corpo feito, ou literalmente corporificado, nas palavras de Bourdieu, "pela persuasão de uma pedagogia implícita" (1977, p. 94).

163. Harney e Moten, 2013, p. 98.

164. Para uma discussão mais completa desse ponto, cf. Ingold, 2013b, p. 109-111.

inespecífica do conhecimento – o que Polanyi descreveu como "o resíduo não dito pela articulação defeituosa"[165] – cai nas rachaduras da incoerência muda e analfabeta? Ou seria o sentimento pelas palavras como o sentimento pelos seres vivos, animados pelos gestos de sua produção, o suficiente para abrir os portões da prisão? A dissolução da explicação e a revogação de suas sentenças, longe de colocar um fim ao estudo, revela-nos a poesia das palavras que continuam. Como Rancière nos diz, "no ato de falar, o homem não transmite conhecimento, ele faz poesia [...]. Ele se comunica como um artesão: uma pessoa que lida com palavras como ferramentas"[166]. Comunicar-se como poeta é valorizar as palavras como o viajante ama seus equipamentos e materiais. Toda palavra é uma joia que brilha como uma pedra na água corrente de um riacho. Nós sentimos isso ao falar, pois brota na cavidade da boca e provém da língua viva e dos lábios inquietos, ou por escrito, como é formada nos gestos e inflexões da mão. Felicidade, então, não significa desistir de palavras ou afundar debaixo delas. Nem as próprias palavras, faladas ou escritas, podem ser responsabilizadas pelos efeitos embrutecedores da explicação. Não culpem as palavras pelo encarceramento; culpem o tribunal de explicadores que lhes deu a sentença.

O que o professor pode ensinar?

Seguir Rancière ao derrubar o mito da pedagogia é reconhecer que o que fazemos, como seres atentos e receptivos, não é para explicar nem ter coisas explicadas para nós, mas fazermos poesia juntos. Mas se a emancipação se encontra assim na libertação da prisão da explicação, o que acontece com os explicadores, com os mestres ou professores das escolas do regime antigo? Que necessidade temos de professores? Se eles não têm nada para explicar, nem conhecimento a transmitir e nenhum método para fazê-lo – se eles são "maus pedagogos" nos termos de Masschelein, ou educadores fracos nos de Biesta – então o que os professores podem ensinar? O problema, para Rancière, não é com os mestres enquanto tais, mas com aqueles que se concentram na função de explicadores – isto é, mestres que tentam combinar sua autoridade legítima com a suposição de inteligência diferencial, como entre a sua própria iluminação e a ignorância de seus alunos[167]. Biesta concorda: de fato, longe de banir professores, pelo contrário, ele insiste, "esse ensino é um componente necessário de toda a educação"[168].

---

165. Polanyi, 1958, p. 88.

166. Rancière, 1991, p. 65, ênfase original.

167. Ibid., p. 12-13.

168. Biesta, 2013, p. 98.

Desistir da ideia de que os professores têm algo a ensinar, declara Biesta, seria equivalente a desistir da própria ideia de educação[169]. Ele tem boas razões para se preocupar, já que está escrevendo contra um contexto de pressão esmagadora, do público e do contexto político dominante, que reduzem toda a educação à aprendizagem, mas a um sentido estreito e empobrecido de aprendizagem. Eu terei mais a dizer sobre essa redução na seção final deste capítulo. Deixe-me focar por enquanto na tese principal de Biesta, a saber: "aprender com alguém é uma experiência radicalmente diferente da experiência de ser ensinado por alguém"[170]. O que, então, é a diferença entre "aprender com" e "ser ensinado por"?

Para Biesta, ensinar não é um mandamento, mas um presente. Como todos os presentes, no entanto, não é algo que o professor possa dar. Uma coisa não é um presente *a priori*, mas apenas se torna um presente quando é recebida como tal. Se for recusado, não será um presente, mas um descarte. Assim também com o ensino: que só é ensino quando é "recebido" no reconhecimento do aluno de ter sido ensinado. O professor não tem como afirmar se esse ensino será recebido como tal ou não: ele espera que seja, mas não pode determinar o resultado. Nesse sentido, como Biesta coloca, "ensinar é dar um presente que o professor não possui"[171]. O que é essencial para a educação é que alguém esteja presente – vamos chamá-lo de "professor", mesmo o sendo esporadicamente, em momentos de reconhecimento – aquele que está preparado para colocar o que tem, e de fato o que é (uma vez que, no processo de estudo, a pessoa e a propriedade são inseparáveis), "sobre a mesa". Essa foi a resposta de Dewey ao que ele viu como a estupidez de simplesmente deixar aos alunos a tarefa de fazer da sua educação o que eles quiserem. "Se o professor é realmente um professor", aconselhou Dewey, "ele deve saber o suficiente sobre seus alunos, suas necessidades, experiências, graus de habilidade etc., para poder (não ditar objetivos e planos) compartilhar uma discussão sobre o que deve ser feito"[172]. Talvez não seja possível aprendermos coisa alguma com esse professor, por meio do conteúdo informativo, mas na medida em que ele demonstra através de exemplos e verifica os resultados de nossos trabalhos, nos mantém – seus alunos – no caminho certo e podemos afirmar que fomos ensinados por ele. Aqui o professor é exemplar na condução dos estudos, um guia e companheiro generoso para seus estudantes e um juiz incansável de seu trabalho.

---

169. Ibid., p. 46.

170. Ibid., p. 53, ênfases originais.

171. Ibid., p. 139.

172. Dewey, 1964, p. 154; do ensaio de Dewey, "Individualidade e experiência", publicado pela primeira vez em 1926.

Não se trata apenas de andaimes ou de fornecer apoio social aos alunos para que alcancem o que eles não poderiam fazer sem ajuda, como defendido classicamente pelo grande pioneiro da psicologia do desenvolvimento, Lev Vygotsky[173]. Influenciados pela teoria de Vygotsky, antropólogos como Jean Lave e Barbara Rogoff abordaram a aprendizagem como um processo em que os alunos aprimoram suas habilidades e compreensão através da participação guiada com parceiros mais experientes na solução compartilhada de problemas. Nos termos de Lave, a aprendizagem é uma questão de "compreensão na prática", em contraste com a ideia de "adquirir cultura", central para os modelos ortodoxos de aprendizagem, como a transmissão intergeracional de informações[174]. Claramente, o modelo de aprendizagem põe em causa a noção de que os indivíduos aprendem isoladamente uns dos outros e, nesse sentido, é inteiramente consistente com a abordagem de Dewey em relação à educação. No entanto, para Dewey, havia mais do que isso. A educação depende da participação, com certeza, mas não apenas de qualquer participação. Tem que ser de um tipo particular.

O que distingue a participação educacional e a destaca do mero treinamento – desde a preparação para a entrada em uma cooperativa de artesanato ou profissão estabelecida – é que ambos, professores e alunos, mestres e estudantes, compartilham um interesse no processo e permanecem sendo transformados por ele. Essa é a diferença, como Biesta coloca, entre "educação e participação não educativa: participação na qual apenas uma parte aprende (adaptando-se às outras partes) e participação que transforma as perspectivas de todos os que dela participam e que traz uma perspectiva compartilhada"[175]. Para Biesta, é isso que distingue a "educação" de Dewey do "entendimento na prática" de Lave. Em nossos termos, marca a diferença entre compreender e subcomungar, e igualmente entre resolver problemas e corresponder a eles. A participação educativa ocorre no *mi-lieu*, no fluxo do meio [*midstream*]. Poderíamos então seguir o exemplo de Dewey em pensar o ensino como um processo de comunhão e variação, de atenção e resposta, nas quais o mestre e os alunos seguem juntos em um espírito de experimentação do paciente, relacionando-se em primeiro lugar como pessoas com histórias para contar, através de ciclos intermináveis de demonstração, experimentação e verificação, e em direção ao infinito? Então esse infinito, como Rancière coloca, "não é mais o segredo do mestre; é a jornada do aluno"[176]. O livro está terminado, mas a jornada continua indefinidamente.

---

173. Vygotsky, 1978.

174. Lave, 1990, p. 310. Cf. tb. Lave, 2011; Lave e Wenger, 1991; Rogoff, 1990, 2003.

175. Biesta, 2013, p. 33, ênfase original.

176. Rancière, 1991, p. 23.

O kit de ferramentas dos alunos

No último ano, um novo recurso apareceu na tela da área de trabalho de todos os computadores pelo *campus* da universidade onde trabalho. É chamado de "o kit de ferramentas dos alunos" e é indicado por uma linha de três ícones em miniatura. Clique em qualquer ícone e uma janela que fornece muitos conselhos úteis e bem-intencionados para o aluno perplexo embarcar em um curso universitário se abrirá. Ele oferece, em suas próprias palavras, "dicas, ferramentas e técnicas para facilitar a vida na universidade". O que chamou minha atenção, no entanto, foram os próprios ícones. O primeiro mostra o contorno de uma cabeça, mas onde as orelhas devem estar, brota um par de fones de ouvido. O segundo parece mostrar a tela retangular de um telefone inteligente, com seus cantos arredondados. No terceiro, a cabeça está de volta, mas onde deveriam estar os olhos, ela usa tons. De minha parte, não possuo fones de ouvido nem *smartphones* e uso óculos de sol apenas ocasionalmente para proteger meus olhos do brilho. Mas eu tenho meu próprio kit de ferramentas, que eu carrego comigo onde quer que eu vá. Ele também possui três componentes: são lápis, caderno de bolso e óculos. Suponha que coloquemos esses kits de ferramentas lado a lado, o dos alunos e o meu. Os fones de ouvido: conduzem uma alimentação para o cérebro, mas e o lápis? Avança ao longo de uma linha sempre exploratória na ponta. O que entra pelos telefones é precomposto; o que sai com o lápis é uma improvisação. A tela do *smartphone*: com o toque de um dedo, responde a pedidos de informações, em palavras e imagens, mas e as páginas do meu caderno? Elas oferecem fragmentos de memória, ideias semiformadas capturadas de repente, frases inacabadas cheias de riscos, listas de palavras, rabiscos, detritos de uma mente que trabalha. Os meus óculos: oferecem um escudo protetor para me esconder atrás deles, mas não dos meus espetáculos? É claro que eu os uso para ler e escrever. São instrumentos de atenção que compensam minha visão deteriorada. E eles permitem que outras pessoas me deem atenção também, para me verem olho no olho.

A comparação dos dois kits de ferramentas diz muito sobre a diferença entre a ideia de aprender, como é cada vez mais entendida hoje, e a ideia de estudo que eu desenvolvi aqui. O icônico tríptico de fones de ouvido, tela e sombras pinta na minha mente uma imagem assustadora do aluno idealizado, atualmente concebido em um ambiente educacional de ponta, obcecado por TI. O aluno do kit de ferramentas parece ser um indivíduo isolado, trancado com segurança e protegido de qualquer contato sensorial com o ambiente – da luz às sombras, do som aos telefones (a cabeça não tem nariz para perfume e, sendo apenas uma cabeça, não tem mãos para sentir). Esse indivíduo é completamente imóvel, mas também sem lugar: de fato, a sinopse que acompanha o kit de ferramentas faz muito do fato de ser acessível on-line, em qualquer lugar, a qualquer momento.

Mas, embora cego e surdo para os outros e para o mundo, nosso aluno é alimentado com um fluxo contínuo de informações, baixado de fontes remotas em sua cabeça: visualmente, da tela do seu *smartphone*; auditivamente, através dos telefones que cobrem seus ouvidos. Que tipo de aprendizado é esse, que não exige esforço produtivo por parte do aluno, nem mesmo por sua presença, que substitui o professor por um programa que separa a cabeça do corpo, mente do mundo e imuniza o aluno dos efeitos potencialmente corruptos de algum distúrbio externo por meio de um escudo protetor? Nas últimas décadas, deu origem a toda uma indústria, completa com suas legiões de fornecedores, marcas e palavras de ordem. Biesta chama a indústria de "aprendização", uma palavra cuja pura feiúra reflete sua aversão ao que se refere[177].

A aprendização, como mostra Biesta, é o que você obtém quando a educação é submetida às forças do mercado, composto neste caso por indivíduos com necessidades e provedores com recursos para satisfazê-los. Com a aprendização, o aluno não é mais um iniciante que ainda não pode saber quais são suas necessidades, mas um cliente que conhece (ou cuja família conhece) exatamente o que ele precisa e não tem medo de exigir gratificação imediata. Recém-colocado no banco do motorista, o aluno-cliente tem o poder de impor suas próprias condições à transação. O antigo pedagogo, uma vez colocado por sua profissão em uma posição de comando para ditar tanto o conteúdo do ensino quanto a forma de sua entrega, encontra-se recolocado como prestador de serviços, facilitador ou mesmo apenas um "recurso", cuja função é fornecer as informações que o aluno solicitou, de uma maneira que facilite o quanto for possível para o aluno assimilar e digerir. No admirável mundo novo da aprendização, o lugar da aprendizagem – incluindo sua arquitetura e móveis – perde muito de seu significado. As salas de aula, que costumavam sediar práticas de estudo, são renomeadas como centros de recursos, povoados de bancos de computadores diante dos quais os alunos, alheios aos colegas, navegam pelos labirintos de múltipla escolha. Quadros em torno dos quais os alunos e seus professores anteriormente ficavam reunidos para escrever e desenhar, comentar e observar, foram despojados para ser substituídos por telas brancas lisas nas quais desenho e escrita são proibidos; somente a projeção de imagens é permitida. Para que essas imagens possam ser melhor vistas, as janelas são cobertas por persianas com controle remoto para eliminar a luz. E o auditório, um lugar onde os alunos se reuniam para ouvir juntos e compartilhar a experiência, torna-se um teatro que serve apenas para alcançar uma economia de escala, onde a mesma informação pode ser transmitida simultaneamente a centenas de estudantes individuais[178].

---

177. Biesta, 2013, p. 124.

178. Masschelein e Simons, 2014.

Em uma era de tecnologia digital, no entanto, a transmissão simultânea pode ser facilmente alcançada sem ter que reunir os alunos em um só lugar. Se o aprendizado puder ser realizado em qualquer lugar, e se alguém puder se estabelecer como provedor, por que – alguns podem perguntar – precisamos de escolas ou universidades? A tecnologia está tornando nossas instituições educacionais tradicionais redundantes? A resposta deve ser um retumbante "não". Pois escolas e universidades são, antes de mais nada, locais de estudo. Elas não são e nunca foram destinados a "ambientes de aprendizagem" do tipo previsto no discurso da aprendização. Estudo é o oposto, de todas as maneiras concebíveis, da aprendizagem do "kit de ferramentas dos alunos". É sobre produção ao invés de consumo, sobre tornar as coisas públicas em vez de apropriações privadas. Reúne alunos e professores juntos, ao redor da mesa, em vez de comprometê-los a garantir o isolamento. De alunos e professores, exige que eles se façam presentes, em atenção e resposta, em vez de se esconderem atrás da tecnologia de transmissão. O estudo prossegue em um processo de começo perpétuo, que visa o cumprimento de fins predefinidos. Trata-se de gerar interesse em comum, não da satisfação de desejos individuais. Oferece amizade, carinho e até amor, mas não pretende suprir o bem-estar individual. O estudo é transformacional; não é treinamento. Longe de oferecer proteção e segurança, ou facilitar as coisas, o estudo pode ser difícil e perturbador: destrói as defesas do preconceito e inquieta os pensamentos. No entanto, ao fazê-lo, pode nos libertar. Com tanta disparidade, não é surpresa que Biesta, por um lado, considera a nova linguagem de aprendizagem "totalmente inútil" na dupla tarefa educacional de engajamento e emancipação[179]. De fato, há boas razões para pensar se aprender nesse sentido tem alguma coisa a ver com educação. Eu acredito que não.

---

179. Biesta, 2013, p. 61.

4
Antropologia, arte e universidade

Antropologia como educação

Eu sou, por profissão, um antropólogo. E, para mim, a antropologia é uma busca generosa, aberta, uma investigação comparativa e ainda assim crítica sobre as condições e os potenciais da vida humana no único mundo em que todos habitamos. É generosa porque presta atenção e responde ao que as outras pessoas fazem e dizem. Em nossas perguntas, recebemos de bom grado o que é dado em vez de procurar por subterfúgios para extrair o que não é, e temos o cuidado de devolver o que devemos aos outros por nossa própria formação intelectual, prática e moral. Isto acontece, sobretudo, na observação participante, e voltarei a isso. A antropologia é aberta porque seu objetivo não é chegar a soluções finais que encerram a vida social, mas, antes, revelar os caminhos pelos quais ela pode continuar. Estamos comprometidos nesse sentido a uma vida sustentável – a uma forma de sustentabilidade que não torna o mundo sustentável para alguns através da exclusão de outros, mas tem um lugar para todos e tudo. A antropologia é comparativa porque reconhece que nenhuma maneira de ser é a única possível, e que, de todas as formas que encontramos, ou que resolvemos seguir, poderiam ser escolhidos caminhos alternativos que levariam em direções diferentes. Nenhum caminho é predeterminado como o único que é "natural". Assim, mesmo quando seguimos um caminho particular, a questão de "por que esse caminho ao invés de outro?" está sempre no topo de nossas mentes. E a antropologia é crítica porque não podemos nos contentar com as coisas como elas são. Por consentimento geral, as organizações de produção, distribuição, governança e conhecimento que dominaram a era moderna levaram o mundo à beira da catástrofe. Para encontrar maneiras de continuar, precisamos de toda a ajuda que pudermos obter. Mas ninguém – nenhum grupo indígena, nenhuma ciência especializada, nenhuma doutrina ou filosofia – já detém a chave do futuro, se ao menos pudéssemos encontrá-la. Nós temos que fazer o futuro juntos, para nós mesmos. No entanto, isso só pode ser alcançado através do diálogo. A antropologia existe para expandir o escopo desse diálogo: para ter uma conversa sobre a própria vida.

No entanto, não se pode dizer o mesmo da educação? A educação não compartilha as mesmas características definidoras de generosidade, abertura, comparação e criticidade? Não tem ela também o mesmo objetivo de garantir a continuidade da vida? Isso depende, é claro, de como significamos a educação, e certamente existem sentidos da palavra, hoje amplamente utilizados na política e na prática, que não satisfariam nenhum desses critérios. Nem um regime de comando e obediência, como na sala estereotipada da escola vitoriana, nem a provisão de um serviço comoditizado, como no "ambiente de aprendizagem" contemporâneo, é consistente com o princípio de compartilhamento conjunto (*com-munus*) que subscreve a coexistência generosa. Uma educação que fornece um currículo estabelecido para resultados predeterminados dificilmente é aberta, visto que é única na sua determinação de inculcar atributos normativos, e que avança sem nunca olhar de soslaio, pois é pouco comparativa. E uma educação entregue à crítica, que treina seus alunos nas artes da conjectura e refutação, ou em defesa e ataque de pontos de vista e perspectivas, pouco faz para instilar o tipo de pensamento crítico que poderia realmente mudar o terreno da compreensão. Nos capítulos anteriores eu tentei mostrar que existe outra maneira de tratar a educação. Não é nova, tendo sido mencionada por Dewey há um século. Mas continua contra-hegemônica. Meu propósito neste capítulo final é demonstrar que os princípios da educação que Dewey propôs são de fato os princípios da antropologia e, portanto, que a antropologia e a educação são paralelas, se não esforços equivalentes. Juntas, elas têm o potencial de transformar o mundo.

Vou proceder da seguinte forma. Primeiro, discutirei o que considero ser a forma mais distinta de trabalho na antropologia, nomeadamente a observação participante. Contra a ideia amplamente aceita de observação participante como método etnográfico, insistirei, pelo contrário, que consagra um compromisso ontológico, um reconhecimento de que podemos conhecer o mundo apenas porque fazemos parte dele, como coloca Karen Barad, estudiosa das ciências, em seu "devir diferencial"[180]. Em segundo lugar, comparando o que os educadores chamam de "escola" com o que antropólogos chamam de "campo", vou sugerir que as práticas de estudo são comuns a ambos, levando-me a argumentar que o verdadeiro propósito da antropologia não é etnográfico, como costuma ser suposto, mas educacional. Vou mostrar, em terceiro lugar, como essa maneira de pensar a antropologia aproxima-a da arte, mas em quarto lugar, como ao mesmo tempo ajuda a fechar a lacuna entre arte e ciência que tem sido a fonte de tanta ruptura na história intelectual da Modernidade. Isso me leva, em quinto lugar, a uma série de preocupações mais amplas concernentes à mudança do significado do esforço intelectual que chamamos de "pesquisa", tanto em artes e humanidades e

---

180. Barad, 2007, p. 185.

nas ciências naturais, e à relação entre pesquisa e ensino, que considero não serem campos separados, caso sejam complementares, mas como aspectos inseparáveis da única tarefa da educação – uma tarefa que combina cuidados e curiosidade. Sexto, traçarei as implicações dessa visão da educação para concepções de disciplina e interdisciplinaridade, argumentando por uma correspondência de linhas de investigação antidisciplinar, na medida em que enfraquece a territorialização do conhecimento implícito nos discursos convencionais de estudo. Nas duas seções finais, volto à universidade como local de ensino superior, cuja própria existência está atualmente sob ataque como nunca antes. Argumentarei que os propósitos da antropologia, da universidade e da educação estão intimamente ligados entre si, e que seu futuro comum só pode ser garantido por uma revisão fundamental dos princípios de liberdade e universalidade. A liberdade acadêmica, eu argumento, deve ser baseada no princípio do hábito, não da vontade. E o universo em que estudamos não se baseia na similaridade essencial, mas na infinita diferença.

Observação participante[181]

Se alguma vez houve uma prática de exposição e atenção, de esperar pelos outros, isto nos leva para um mundo onde podemos compartilhar sua companhia, que os traz à presença, mas ao mesmo tempo que se desenrola e desestimula; certamente é a maneira antropológica de trabalhar a que chamamos de observação participante. Observar significa observar o que está acontecendo ao redor e, claro, ouvir e sentir também. Participar significa fazê-lo de dentro da atividade atual em que você leva uma vida conjunta e junto com as pessoas e coisas que capturam sua atenção. Normalmente, o observador participante gastará um período prolongado, de muitos meses ou mesmo anos, ingressando na vida das pessoas em algum lugar, ou que estão reunidas em torno de alguma atividade, conhecendo-os e conhecendo as coisas que eles precisam para lidar com eles, da melhor maneira possível, e aprender com eles no processo. No que os antropólogos chamam de "campo" (sobre o qual será dito a seguir), as pessoas estão lá: para serem perguntadas e respondidas, para serem observadas, mas tamém para serem observadoras por sua vez. Nunca no controle da situação, sem saber o que um dia trará, o observador antropológico participante é vulnerável, em grande parte à mercê dos acontecimentos que se desenrolam, e sempre dependente da improvisação. Suas perguntas nunca são esgotadas por suas respostas, mas sempre dão lugar a mais questionamentos, nenhum dos quais se aproxima mais de uma solução, mas que, no entanto, abre-se a um processo contínuo da vida. Não há nada de peculiar nisso. De fato, a observação antropológica participante difere

---

[181]. Esta seção se baseia substancialmente no que escrevi em outras partes de Ingold, 2014b.

apenas em grau de intensidade daquilo que todas as pessoas fazem o tempo todo: não é apenas uma maneira antropológica de trabalhar, mas uma expressão condensada da maneira como todos trabalhamos. Pois o "campo" do antropólogo, como mostrarei, não é outro senão um subcomum, e os subcomuns, como descobrimos no capítulo 3, estão sempre lá, mesmo que relutemos em admitir isso.

Às vezes, supõe-se que a participação e a observação estejam em contradição. Como alguém pode simultaneamente assistir ao que está acontecendo e participar? Lembre-se da imagem, de Serres, dos dois rios. Há o rio que vemos fluindo enquanto paramos nas margens. E tem o rio experimentado pelo nadador amamentando a corrente do meio do rio. A observação participante não é o mesmo que pedir que habitemos os dois rios ao mesmo tempo? "Uma pessoa pode observar e participar", escreve o antropólogo Michael Jackson, "sucessivamente, mas não simultaneamente"[182]. Pois, como ele continua explicando, a observação e a participação produzem diferentes tipos de dados, respectivamente objetivos e subjetivos. Como o engajamento da participação pode ser combinado com o desapego da observação? Estas questões, no entanto, estão expressas no registro metafísico, com seu apelo *a priori* a humanidades transcendentes. Esse registro, profundamente enraizado nos protocolos da ciência normal, gera uma barreira entre nossas maneiras de saber sobre o mundo e os nossos modos de ser nele. Como seres humanos, parece, só podemos aspirar ao conhecimento do mundo por meio de uma emancipação que nos tira dele e nos deixa estranhos a nós mesmos. É como se não pudéssemos mais existir no mundo que procuramos conhecer[183]. A alegada contradição entre participação e observação nada mais é do que um corolário dessa excisão do ser do saber, ontologia da epistemologia. Se alguma vez quisermos entender, de acordo com a ciência, devemos deixar de lado a experiência subjetiva que vem de nadar no meio do caminho e recuperar o nosso equilíbrio nas margens, de onde podemos observá-lo objetivamente, a partir da certeza e segurança de nossas respectivas posições. Nesse mesmo movimento, o que passamos com as pessoas é convertido em um teste pelo qual passamos de bom grado para fazer um estudo delas. É, por assim dizer, colocar entre parênteses o "fazer" atento da vida comum, apenas para reformulá-la como um sofrimento dentro da realização intencional do trabalho de campo. E é isso que acontece quando dizemos que o que estávamos realmente fazendo, com os participantes da observação, é etnografia.

Com a etnografia, nossos professores são reformulados como objetos de estudo. Isto é como transformar um telescópio para olhar pelo lado errado. Em vez de recorrer à experiência daqueles entre os quais vivemos para ampliar nossa

---

182. Jackson, 1989, p. 51.

183. Ingold, 2013b, p. 5.

visão do mundo, observamos das alturas olímpicas da "teoria" para examinar o pensamento de nossos antigos companheiros, que agora figuram como "dados" para análise. A fonte do problema, acredito, está neste pequeno jogo de palavras. Para sempre invocarmos a antropologia de isto ou aquilo, é como se corrêssemos anéis em torno da coisa em questão, transformando os lugares ou caminhos pelos quais observamos tópicos circunscritos de investigação. O "ser-de", como observado no capítulo 2, converte o outro com o qual corresponde em seu objeto, observação à objetificação. Observação, como Jackson nos diz, nesse sentido, produz "dados objetivos"[184]. Mas observar com ou de não é objetivar; é atender a pessoas e coisas, aprender com elas e seguir em preceito e prática. É assim que o aprendiz observa na prática de uma habilidade, como o devoto observa nas rotinas de culto, como o antropólogo observa nas tarefas da vida cotidiana no campo. Considerando que ser-de é intencional, con-junto é atencional. E o que estabelece é um acoplamento participativo, em percepção e ação, de observador e observado. Isto é escolher a existência sobre a essência, reunir o saber com o ser e restaurar a observação à participação em uma vida vivida na companhia de outros. De fato, no registro da existência, da vida comum, não pode haver observação sem participação. Portanto, a observação participante não é absolutamente uma técnica oculta para reunir informações das pessoas, sob o pretexto de aprender com elas. É antes um cumprimento, tanto em letra quanto em ação, do que devemos ao mundo por nosso desenvolvimento e formação. Isso é o que eu quero dizer por compromisso ontológico.

 Praticar a observação participante, no entanto, é também passar por uma educação. Na verdade, eu acredito que há motivos para substituir a palavra "etnografia" por "educação" como o objetivo mais fundamental da antropologia. Não pretendo com isso dar um impulso a esse subcampo minoritário, injustamente negligenciado, conhecido como antropologia da educação. Eu quero insistir, antes, na antropologia como uma prática da educação. É uma prática dedicada ao que o antropólogo Kenelm Burridge chamou de metanoia: "uma série contínua de transformações, cada uma das quais altera os predicados do ser"[185]. Isto, é claro, é apenas outra maneira de reformular o "princípio do hábito" de Dewey, segundo o qual "toda experiência promulgada e sofrida modifica quem age e sofre"[186]. Embora Burridge argumente que metanoia é o objetivo da etnografia, em minha opinião, descreve muito mais apropriadamente o objetivo da educação. Jackson, em seu próprio trabalho, oferece um bom exemplo. Grande parte da pesquisa antropológica de Jackson foi realizada entre os Kuranko no oeste da

---

184. Jackson, 1989, p. 51.

185. Burridge, 1975, p. 10.

186. Dewey, 2015, p. 35.

África, em Serra Leoa. Este país, ele reconhece, "me transformou, moldando a pessoa que sou agora e a antropologia que faço". Exatamente: mas é por isso que, em minha opinião, a antropologia que ele faz é uma prática da educação e não da etnografia. "Eu nunca pensei em minha pesquisa entre os Kuranko como o elucidar de um mundo da vida único ou uma visão estrangeira de mundo", admite Jackson. "Pelo contrário, este foi o laboratório em que eu explorei a condição humana"[187]. Explorando as condições e possibilidades de ser humano: é isso que é antropologia. E é isso também que Jackson está fazendo com seus anfitriões do Kuranko. Precisamente porque seu objetivo é conduzir tal exploração, e não elucidar características do mundo da vida Kuranko, não é etnografia. E, no entanto, apesar de tudo isso, ele continua a se retratar como etnógrafo!

Em outros lugares, no entanto, Jackson chega perto de definir seu projeto antropológico em termos educacionais: trata-se, segundo ele, de "abrir novas possibilidades para pensar sobre a experiência" – um processo que o filósofo Richard Rorty chama de edificação[188]. Para Rorty, edificar é manter a conversa e, da mesma forma, resistir a todas as reivindicações de soluções finais e objetivas. É abrir um espaço, escreve ele, "para o sentido de maravilha que poetas às vezes podem causar – maravilha que há algo novo sob o sol, algo que não é uma representação precisa do que já estava lá, algo que (pelo menos por enquanto) não pode ser explicado e mal pode ser descrito"[189]. Esse sentimento de admiração, que Rorty atribui ao poeta, também não se encontra na raiz da sensibilidade antropológica? Lembre-se da observação de Rancière, do último capítulo, que há poesia na comunicação humana, no compartilhamento de sentimentos, na hapticalidade dos pontos fracos. Afinal, o poeta escreve não sobre, mas com. William Wordsworth não estava, em sua poesia, escrevendo suas caminhadas no distrito inglês do lago; antes, seus escritos, assim como sua errância, eram uma correspondência com a terra em que nós também podemos nos unir quando o embarcamos em nossa leitura. Os antropólogos também não podem ser poetas? De fato, alguns são, notavelmente incluindo Jackson, mas aqui não quero dizer que devemos escrever poesia ao lado, como se adicionássemos uma segunda corda ao nosso arco, mas que possamos encontrar, por escrito, uma maneira de abrir para o mundo, como fazemos nos sonhos, onde imaginação e realidade são uma. Essa escrita pode ter a capacidade não apenas de informar, mas de inspirar.

Como a poesia, a antropologia tanto faz maravilhas quanto vagueia. O espanto está na atenção, a errância no seguir. O antropólogo-noviço é chamado a prestar atenção no que os outros estão fazendo ou dizendo e no que está acon-

---

[187]. Jackson, 2013, p. 28, ênfase original.

[188]. Ibid., 88.

[189]. Rorty, 1980, p. 370.

tecendo ao redor, e para acompanhar onde os outros vão e fazem suas ofertas, seja lá o que isso possa implicar e onde quer que o leve. Essa exposição pode ser irritante e implica um risco existencial considerável. É como empurrar o barco para um mundo ainda não formado – um mundo em que as coisas não estão prontas, mas sempre incipientes, à beira do surgimento contínuo. Comandado, como Masschelein coloca, não pelo dado, mas pelo que está a caminho de ser dado, é preciso ser preparado para esperar[190]. Esperar pelas coisas é precisamente o que significa atendê-las. E como todo antropólogo sabe, a maior parte do tempo da observação participante é passada esperando que as pessoas apareçam e que as coisas aconteçam em vez de ser passado em atividades completas.

A escola e o campo

Praticar a observação participante, então, é juntar-se à correspondência com aqueles entre os quais estudamos. Nisto, penso, reside o propósito educacional, dinâmico e potencial da antropologia. Como tal, é exatamente o oposto da etnografia. Pois o objetivo da etnografia, retornando à distinção de Jackson, é precisamente "elucidar um mundo da vida" em vez de "explorar a condição humana"[191]. É para prestar uma conta – por escrito, filme ou outro elemento gráfico midiático – da vida como ela é vivida, pensada e experimentada por um povo, em algum lugar, às vezes. A boa etnografia é sutilmente contextualizada, ricamente detalhada e, acima de tudo, fiel ao que representa. Todas essas são qualidades admiráveis. Mas elas não são as qualidades para as quais a antropologia aspira. Esta aspiração, tanto no campo como na escola, é estudar com as pessoas são; não para fazer estudos delas. Afinal, não procuramos estudar com grandes estudiosos para que possamos passar o resto de nossas vidas descrevendo, representando e analisando suas filosofias ou visões de mundo. O objetivo do estudo acadêmico não é colocar tudo o que professores dizem em contexto, por uma contabilidade detalhada de suas palavras ou uma análise de suas ideias. Não nos comprometemos com a fidelidade em dar a voz ao mestre. Receber o dom do ensino é entrar imaginativamente no mundo que nossos professores nos abrem e participar com eles em sua exploração; não é para fechar esse mundo. Mas se é assim, e se – como eu sugeri – praticar antropologia é passar por uma educação, tanto além quanto dentro da academia, então o que vale para a nossa participação com correspondentes acadêmicos também deve valer para os nossos correspondentes "não acadêmicos". Por que deveria ser diferente? Tanto no campo como na escola, estudamos para que possamos crescer, com conhecimento, sabedoria e

---

190. Masschelein, 2010b, p. 46.

191. Jackson, 2013, p. 28.

julgamento, e para estarmos melhor preparados para as tarefas que contribuam para a construção de um mundo comum. Conhecimento é conhecimento, onde quer que seja cultivado, e se nosso objetivo em desenvolvê-lo na academia é educacional, e não etnográfico, então deve estar além da academia também.

De fato, existem muitas semelhanças entre a escola e o campo, considerados locais de estudo, e muito do que eu disse no último capítulo sobre o que significa estudar poderia aplicar-se igualmente à condução do trabalho de campo antropológico. O estudo no campo é comunitário em vez de solitário, segue problemas reais, mas não para encontrar soluções; é especulativo, mas não preditivo; crítico, mas não apegado à crítica. Como a escola, no fraco sentido de *scholè*, o campo é um elemento comum, vivo, com gestos menores. O trabalho de campo não é a aplicação do método para obter resultados, mas uma prática de experimentação do paciente que converte todas as respostas em uma pergunta. Quando Moten diz que estuda nos subcomuns, que "está conversando e andando com outras pessoas", ou quando Harney descreve como "onde você se deixa possuir pelos outros enquanto eles fazem alguma coisa", eles poderiam estar se referindo a estudar no campo tão bem quanto na escola[192]. Segue-se, no entanto, que o "campo" do antropólogo não é exatamente o mesmo que o da "vida cotidiana" para seus anfitriões, como se a exposição estivesse inteiramente do lado do primeiro, deixando o último continuar as atividades como de costume. O paralelo com a escola sugere, pelo contrário, que para os anfitriões, também, o campo é um local fora do tempo cotidiano, onde as expectativas normais são suspensas ou mantidas em suspenso, onde as coisas são desfamiliarizadas e desapropriadas. É um meio, um lugar intermediário, em que o mundo se abre não apenas para o antropólogo, mas também para seus anfitriões. Esta é a própria abertura que permite à subcomunhão (ao invés de compreensão) prosseguir.

Nem toda a participação, portanto, é antropológica, e devemos ser igualmente céticos em relação àqueles que oferecem participação como uma panaceia para pesquisas "centradas no usuário", como agentes de aprendizado que comercializam a participação como o ingrediente mágico da educação "centrada no aluno". Assim como há uma diferença, como Biesta insiste, entre a participação que é educativa e a participação que não é[193], então podemos dizer o mesmo da observação participante, que apenas é antropológica quando transforma a perspectiva de todos os participantes. Simplesmente adaptando – aprender a "se encaixar" no que os outros fazem ou dizem como é óbvio – pode ser suficiente para a coleta de dados etnográficos, mas não possui potencial transformador. Lembre-se de que esse potencial – o excesso de partilha e variação sobre o mero transporte

---

192. Harney e Moten, 2013, p. 109-110.

193. Biesta, 2013, p. 33.

de informação – foi precisamente para Dewey o que diferencia a educação do treinamento. Para nós, da mesma forma, separa a antropologia da etnografia. Também existe uma dimensão temporal para essa separação. A antropologia, como diria Manning, está "no evento"[194]. Como forma de conhecer de dentro, procede através da diferenciação intersticial, flexionada pelas modificações que acompanham toda representação da experiência. O tempo que leva é o tempo que passamos juntos no que Manning chama de "coexistência móvel"[195] – isto é, em correspondência. A etnografia, por outro lado, oferece um relato retrospectivo: um sequestro de eventos que já ocorreram, as intenções que os motivaram e os contextos em que estavam inseridos, e um retrocesso das relações causais que deram origem a eles. A correspondência da antropologia é o *backgridding* [retrospectiva] da etnografia.

O observador participante que se posicione no campo como etnógrafo é consequentemente confrontado de duas maneiras ao mesmo tempo. No que frequentemente é chamado de "encontro etnográfico", ele se junta ostensivamente com os outros, trazendo-os à sua presença como ele na deles, apenas para dar as costas para eles como se eles não estivessem lá. Marcar o encontro etnográfico é consignar o incipiente – o que está prestes a acontecer no desenrolar de relacionamentos – ao passado temporal do que já acabou. O antropólogo Johannes Fabian refere-se a esta postura de duas faces como uma "esquizocronia"[196]. Isto, ao invés de qualquer contradição entre participação e observação, é o verdadeiro dilema que advém da tentativa de fusão de antropologia e etnografia. É a razão pela qual tanta ênfase é colocada no estabelecimento de *"rapport"* [conexão], em campo, entre o etnógrafo e seus anfitriões. Pois, combinando as conotações de aproximação e *rapportage*, *"rapport"* é igualmente esquizocrônico. Significa atender abertamente a outras pessoas com a intenção oculta de relatar sobre elas. Como todos aceitam, o *rapport* leva tempo para ser construído, mas não é hora de correspondência, mas de um tipo de escavação cognitiva – uma elicitação de conceitos e categorias que poderiam eventualmente descobrir um terreno comum de compreensão. Agora a correspondência também leva tempo, mas esse é um tempo dedicado a uma atenção imaginativa pela qual ambas as partes – antropóloga e anfitriã – alcançam um acordo que vai além dos entendimentos existentes. Nem existe um fim para isso. A etnografia impõe finalidades próprias às trajetórias de estudo, convertendo-as em dados exercícios de coleta destinados a produzir "resultados", geralmente na forma de trabalhos de pesquisa ou monografias. Mas a questão da antropologia, como disse Dewey sobre educação, não

---

194. Manning, 2016, p. 20.

195. Ibid., p. 224.

196. Fabian, 1983, p. 37.

é que deve terminar em resultados finais, mas que deve se abrir para experiências que se abrem a novas experiências, possibilitando um processo sem fim e sempre inicial de crescimento e descoberta. Os resultados finais significam a morte da antropologia, como de fato acontece com a Educação.

Os artistas são os verdadeiros antropólogos?

Comecei este capítulo declarando minha identidade profissional como antropólogo. No entanto, há muitos anos, algo tem puxando minhas amarras disciplinares. Pois eu tenho uma sensação incômoda de que as pessoas que realmente fazem antropologia, atualmente, são artistas. Nem todos os artistas, para ser mais exato. A "arte" abrange um espectro tão amplo e abraça uma variedade excêntrica de práticas que tentar encaixá-la em uma única definição é algo fadado a afundar nas rochas da exceção. Os discursos intermináveis gerados nessas tentativas, embora tenham avançado muitas carreiras acadêmicas, não levam a lugar algum sua própria vegetação impenetrável. De uma obra ou *performance*, "é arte?" Talvez seja a pergunta menos interessante para se fazer. No entanto, podemos perguntar o que torna a arte antropológica. Arte, isto é, antropológica, nos meus termos, é caracterizada – como a antropologia – por generosidade, abertura, comparação e criticidade. É inquisitiva e não interrogativa, oferecendo uma linha de questionamento em vez de exigir respostas; é atenta, ao invés de deliberada por intenções prévias, modestamente experimentais e não descaradamente transgressivas, crítica, mas não entregue à crítica. Unir-se às forças que dão origem a ideias e coisas, em vez de procurar expressar o que já existe, a arte antropológica concebe sem ser conceitual. Essa arte reacende o cuidado e o desejo, permitindo ao conhecimento crescer a partir do interior do ser nas correspondências da vida.

É por isso que práticas como caminhar, desenhar, caligrafia, música instrumental, dança, maneiras de fazer e trabalhar com materiais – maneiras que tendem a ficar entre colchetes no final do espectro do "ofício" – são exemplares para mim. Os artistas envolvidos nessas práticas se aproximam mais e, a meu ver, fazem antropologia real, mesmo que não apresentem conscientemente seu trabalho dessa forma. Mas quando se trata de antropólogos, na maioria das vezes eles não estão fazendo antropologia real nesse sentido. Em vez disso, optaram pela etnografia. Se eles distinguem antropologia de etnografia – e a maioria não o faz –, então sua antropologia geralmente aparece depois, após uma fase inicial de "redigir" os resultados do trabalho de campo etnográfico, no momento em que deixam de realizar análises empíricas de dados para generalização teórica. Nesse ponto, o que antes era uma vida vivida com outras pessoas torna-se um "caso" para comparação. A vida é ilimitada, mas o caso está encerrado, propriedade do etnógrafo. É esse modelo de três estágios – coletar os dados, empacotamento e comparação –, levando do encontro inicial ao resultado final, que torna a etnografia como método, uma técnica de coleta e como meio para fins que são, em última análise, antropológicos. E é em grande parte como um método que a etnografia foi apropriada por certas tendências na arte contemporânea que se apresenta conscientemente como "antropológica".

De fato, a maioria das tentativas explícitas de combinar antropologia e arte destacou a etnografia como o cimento que as mantém unidas. Essas tentativas, no entanto, não têm sido totalmente bem-sucedidas. Para começar, os artistas raramente são bons etnógrafos. Observação de detalhes e a fidelidade descritiva não são valorizados pelos artistas de hoje como eram no passado. Os mestres holandeses do século XVII, que praticavam o que foi chamado apropriadamente de "a arte de descrever", sem dúvida abriram um precedente para os países europeus e americanos etnógrafos do século XX: o que o primeiro alcançou através de camadas de óleos sobre telas, o último alcançou através da tecelagem de palavras em textos. De fato, a própria noção de "descrição espessa" ecoa a opacidade da tinta a óleo[197]. Mas essa descrição tem pouco apelo à arte do contemporâneo que não é nada, senão especulativa. Além disso, a transformação da arte em etnografia traz duas preocupações que muito prejudicam sua promessa antropológica. Já divulgada há mais de duas décadas, em um artigo influente apropriadamente intitulado "O artista como etnógrafo?" pelo crítico e historiador Hal Foster, a primeira reside em uma obsessão pela alteridade; a segunda, na insistência em colocar toda a preocupação em seu contexto social, cultural e histórico[198].

Antropólogos gostam de impressionar seus amigos com histórias de seu encontro com a "alteridade radical". Para alguns, é quase um distintivo de honra que confere o direito de falar de alteridade – de sua força política ou potencial transgressivo – com uma autoridade negada a seus primos menos experientes ou aventureiros. É um emblema que muitos artistas, consumidos pelo que Foster chama de "inveja etnográfica", adorariam usar[199]. Isto levanta a pergunta, no entanto, de quão "outras" as pessoas devem ser para que sua alteridade conte como radical. Simplesmente fazer a pergunta revela o cálculo familiar de uniformidade e diferença que classifica as pessoas em culturas e subculturas, dependendo de quanto ou quão pouco elas têm primordialmente em comum. Todo mundo é diferente, mas alguns, ao que parece, são mais diferentes do que outros, e alguns são até radicalmente diferentes. Não há necessidade de ensaiar nossa crítica da lógica da transmissão cultural sobre a qual repousa esse cálculo. Basta dizer que o campo antropológico da observação participante é aquele em que a diferença

---

197. Ingold, 2011, p. 222. Sobre a arte de descrever, cf. Alpers, 1983.

198. Foster, 1995, p. 305.

199. Ibid.

atrai as pessoas juntas pelo que têm em comum, em vez de dividi-las na contraposição de suas respectivas identidades. É um campo não de dividir alteridades, mas de uni-las.

De fato, a observação participante só pode começar pelo reconhecimento de que outros são outros, não porque estejam separados em lados opostos de uma fronteira entre mundos culturais, o nosso e o deles, mas porque são companheiros de viagem conosco no mesmo mundo. Nisto, como vimos, reside seu compromisso ontológico. É um compromisso com a habitação não de múltiplos mundos do ser, mas de um mundo que se torna multiplicidade infinita. A diferença, neste mundo "mundano", é intersticial: é gerada a partir de dentro, não na justaposição de colagem de mundos que estão radicalmente fora um do outro. A esquizocronia inerente à postura etnográfica, no entanto, colocando a alteridade à frente da diferença, vira as costas para os outros e os converte em substitutos por uma projeção idealizada do eu antropológico ou artístico. Isto leva à codificação da diferença como identidade manifesta e da alteridade como externalidade. E, como Foster aponta, também pode ser apenas um prelúdio para uma política de marginalidade da qual outros são efetivamente excluídos, do que uma de imanência em que todos podem se juntar em pé de igualdade[200].

Essa marginalização de outros é apenas agravada pela insistência em colocá-los em contexto. É, como vimos no capítulo 2, neutralizar a força de sua presença, reprimir sua discórdia e torná-los seguros. Assim compreendidos e contabilizados, desarmados e repousados, não estamos mais preocupados em atendê-los ou com o que eles têm a dizer. Seja de pessoas ou coisas, sua contextualização não as leva a serem elas mesmas, mas as refere de volta, ao que o antropólogo Alfred Gell chamou das "intencionalidades complexas" que deveriam ter fornecido sua motivação[201]. De fato, é por sua incorporação ou precipitados de tais intencionalidades que objetos ou *performances* se qualificam, para Gell, como obras de arte. Para apreender a obra como arte, ele nos diz, precisamos ler essas intencionalidades, para as finalidades em que "um contexto interpretativo deve ser desenvolvido e disseminado"[202]. Nesse esforço, o artista se une ao crítico e ao historiador da arte: eles estão todos juntos, cúmplices em marcar as coisas – assuntos de interesse – com a impressão de sua criatividade ou especialidades específicas, e designando-se para a tarefa de levantar o véu sobre sua importância para um público cujo senso de inferioridade intelectual, em comparação com os especialistas, é assim reproduzida. As galerias, então, tornam-se lugares não para apresentação do trabalho, exceto pela explicação, de

---

200. Ibid., p. 303.

201. Gell, 1996, p. 37.

202. Ibid., p. 36.

onde emergem os visitantes sabendo tudo o que se sabe sobre como e por que o trabalho foi produzido, por quem e quando, em que contexto cultural e como parte do movimento histórico, mas sem nunca ter experimentado o trabalho como arte. Pode-se muito bem não estar lá.

A proposta de Gell para a aliança da arte com a antropologia não faz nada para desafiar a hierarquia de proezas interpretativas. Pelo contrário, é apenas reforçada. A proposta é que os antropólogos se juntem aos artistas, críticos e historiadores, permitindo uma gama muito maior de coisas – reunidas de povos mundo afora – para serem admitidas na reserva especial de obras de arte e oferecendo sua experiência etnográfica para fornecer os contextos necessários à interpretação. Por trás de toda a postura, esse movimento é tão reacionário quanto complacente. Pois o que a história e a crítica fazem pela arte é precisamente o que a etnografia faz pela antropologia. Isso mata. Argumentei, ao contrário, que a promessa da antropologia é trazer outros para a vida, para atraí-los para o campo de nossa atenção, para que, por sua vez, possamos corresponder com eles. Uma obra de arte pode ser antropológica, na medida em que fornece promessa: se serve para trazer as coisas à plenitude da presença, colocá-las "na mesa", para libertá-las das determinações de metas e objetivos. A arte que é antropológica permite que as coisas sejam elas mesmas.

Em seu ensaio "Point and Line to Plane", o pioneiro da pintura abstrata moderna Wassily Kandinsky tinha exatamente isso a dizer sobre os elementos de uma obra de arte. Qualquer elemento, ele escreveu, pode ser experimentado externamente ou internamente. Externamente, está simplesmente fazendo seu trabalho dentro de convenções de um sistema notacional, como o ponto final, por exemplo, marca o fim de uma frase. Enquanto permanecermos neste nível mundano, seremos indiferentes à parada como uma figura por si mesma. Afundados em seu contexto de uso, quase nem percebemos isso. Mas assim que revogamos a parada de sua sentença e aumentamos sua massa, ela é revelada como um ponto cujas energias estão prestes a explodir das profundezas de seu ser e irradiar sua energia. "Em resumo", escreve Kandinsky, "o ponto morto se torna uma coisa viva"[203]. Apreender a questão interiormente é sentir seu potencial explosivo. Essa hapticalidade inerente é que faz a arte de Kandinsky – moldada como era por suas experiências formativas de animismo e práticas xamânicas dos povos finno-úgricos e siberianos – tão intuitivamente antropológica[204].

---

[203]. Kandinsky, 1979, p. 27. O ensaio de Kandinsky, "Punkt und Linie zu Fläche", foi publicado pela primeira vez em 1926.

[204]. Sobre as influências do animismo e xamanismo siberiano na arte de Kandinsky, cf. Weiss, 1995.

O abrandamento da ciência

Deixe-me voltar ao modelo de três estágios pelo qual a antropologia tem sido classicamente distinguida da etnografia[205]. Longe de alinhar a antropologia com a arte, a ambição original por trás do modelo – como estabelecido pelos pais fundadores da antropologia social, mais notavelmente A.R. Radcliffe-Brown – era estabelecer a disciplina como uma ciência, na verdade, nada menos que uma "ciência natural da sociedade"[206]. Segundo Radcliffe-Brown e seus seguidores, a etnografia é "idiográfica", na medida em que é dedicada à coleção de dados empíricos, enquanto a antropologia é "nomotética", dedicada à generalização e busca de regularidades semelhantes à lei na condução das relações humanas[207]. Entre o primeiro estágio de coleta e o estágio final de comparação, o segundo estágio de análise processa os materiais do primeiro em casos para comparação no terceiro. Na aplicação, o efeito desse modelo foi alinhar a distinção entre etnografia e antropologia à distinção entre investigação empírica e teórica. De fato, para muitos, a palavra "antropologia" ainda tem um toque teórico: ao contrário do trabalho prático de campo, é frequentemente tida como algo em que os acadêmicos seniores podem se entregar, uma vez que se retiraram para o conforto de suas poltronas. Argumentei, ao contrário, que a antropologia é tudo menos confortável, e que não vem por último, mas primeiro. É o que fazemos durante uma observação participante em campo, justamente porque a observação participante não é uma técnica de coleta de dados – pelo menos no sentido em que os dados são definidos sob o regime da ciência normal. É antes uma prática de educação, uma trajetória de estudos, realizados no campo em vez de na escola. Meu tipo de antropologia pode, então, ser apenas uma arte de investigação? Deve necessariamente falhar como ciência?

A resposta depende do que queremos dizer com dados. Literalmente, é claro, um dado é o que é dado. Em seu livro apropriadamente intitulado *Art, Anthropology and the Gift*, Roger Sansi observa que o tema de dar e receber sempre foi central para a antropologia, como de fato para a arte, não apenas por causa de sua onipresença na condução dos assuntos humanos, mas também porque é inerente ao próprio trabalho de campo[208]. Nisto reside a generosidade essencial da disciplina à qual eu já me referira. Essa generosidade, no entanto, não se encaixa

---

205. Philippe Descola refere-se a "descrição, compreensão e explicação" como os "três estágios clássicos de pesquisa antropológica", observando, no entanto, que essas operações, na prática, "são frequentemente interligadas" (DESCOLA, 2005, p. 72).

206. Radcliffe-Brown, 1957.

207. Radcliffe-Brown, 1952, p. 3.

208. Sansi, 2015, p. 143.

prontamente nos protocolos da ciência normal que exige, em nome da objetividade, que rompamos todas as relações pessoais com as coisas que estudamos e permaneçamos imóveis e imperturbáveis diante de sua condição. Nós não devemos nada a eles, de acordo com esses protocolos, e eles não nos oferecem nada em troca. De fato, para o cientista o simples ato de admitir uma relação de dar e receber com as coisas do mundo com as quais ele lida seria suficiente para desqualificar a investigação e quaisquer ideias decorrentes dela. Pois o que a ciência conta como dados não foi concedido como qualquer tipo de presente ou oferta. Em sua coleção, os cientistas não recebem tanto o que é dado como tomam o que não é, por recorrer a estratagemas de engano e truques embutidos no *design* do que eles chamam de "experimentos". O experimento científico, no entanto, é um teste, infligido deliberadamente, um processo de fazer; não é uma experiência promulgada e sofrida como em "fazer sofrer". Isto quer dizer, é enquadrado pelo princípio da volição, não do hábito. Como vimos, mesmo os antropólogos se inclinam – em sua contabilidade retrospectiva do trabalho de campo como etnografia – a descrevê-lo como um experimento prolongado desse tipo, que eles mesmos colocaram a fim de reunir informações dos "informantes", enquanto fingem aprender com eles. Tal é o preço da tentativa da antropologia de se fazer passar por uma ciência da sociedade.

Nesta tentativa, no entanto, a antropologia deve aparecer como metodologicamente comprometida, suas reivindicações de objetividade fatalmente minadas pelo inevitável emaranhado com outras vidas. Pois qual é o papel da metodologia, senão conferir imunidade a qualquer infecção decorrente do contato imediato com outras pessoas? Ao criar maneiras de trabalhar dentro de uma lógica processual indiferente a experiência e sensibilidade humanas, a metodologia trata a presença do observador no campo da investigação não como um elemento essencial ou prerrequisito para aprender com o que o mundo tem a oferecer, mas como fonte de viés a ser reduzido a todo custo. Qualquer ciência que falhe nesse sentido é considerada – geralmente de modo desfavorável – branda, e a antropologia por essa medida é positivamente branda!

A ciência dura, quando se depara com outras coisas no mundo, tem um impacto. Pode batê-las, ou mesmo quebrá-las. Toda batida é um dado; se você acumular dados suficientes, poderá alcançar uma inovação. A superfície do mundo cedeu sob o impacto dos seus golpes incessantes e, ao fazê-lo, revela alguns de seus segredos. A ciência branda, por outro lado, se dobra e se deforma quando encontra outras coisas, levando em si algumas de suas características, enquanto ela, por sua vez, dobra-se à pressão de acordo com suas próprias inclinações e disposições. Responde às coisas como elas respondem a ela. Entrar assim numa relação de correspondência com pessoas ou coisas é o oposto da aplicação de uma metodologia robusta. Longe de forjar um escudo inexpugnável que protegeria o investigador de ter que compartilhar o sofrimento daqueles submetidos a suas táticas rígidas, a correspondência se equipara a uma maneira de trabalhar, semelhante a um ofício, que abre o mundo para nossa percepção, para o que está acontecendo lá, para que possamos responder a ela. Não é dirigida nem pela violência nem pelo engano, mas pela esperança: a esperança de que, prestando atenção aos seres e coisas com os quais lidamos, eles, por sua vez, nos atenderão e responderão às nossas aberturas.

Na observação participante, como vimos, os antropólogos se tornam correspondentes. Eles tomam para si algumas das maneiras de seus anfitriões se moverem, sentirem e pensarem, habilidades práticas e modos de atenção. Correspondência é um trabalho de amor, de retribuir o que devemos aos seres humanos e não humanos com os quais e com quem compartilhamos o mundo, para nossa própria existência. Se a antropologia, então, é uma ciência, é uma ciência da correspondência. Dois séculos atrás, Johan Wolfgang von Goethe propôs exatamente essa ciência: uma que exigia dos praticantes que eles passassem tempo com os objetos de sua atenção, observassem atentamente e com todos os sentidos, desenhassem o que observaram e procurassem atingir um nível de envolvimento mútuo, na percepção e na ação, de modo que observador e observado se tornassem praticamente indistinguíveis[209]. É deste crisol de mutualidade, argumentou Goethe, que todo o conhecimento cresce. Os paralelos com as injunções muito mais recentes da observação participante em antropologia são impressionantes: o que somos exortados a fazer com as pessoas com quem trabalhamos – para passar um tempo com elas, participar de atividades da vida diária, observar atentamente e registrar –, Goethe já estava urgindo os cientistas a fazer o mesmo com animais e plantas, no século XVIII. No entanto, atitudes contemporâneas em relação ao que hoje é chamado de "ciência goetheana", na tendência tecnocientífica dominante, são reveladoras. É comumente considerado com um grau de indiferença que beira o desprezo. Seus praticantes são ridicularizados e suas submissões para publicação são sistematicamente rejeitadas. Metodologia, não correspondência, é a ordem do dia.

Nem sempre foi assim. Os períodos anteriores da história da ciência não viram nenhuma das polarizações que estão em evidência tão forte hoje. Parece haver pouca dúvida de que, nas décadas recentes, houve um pronunciado "endurecimento" da ciência que pode ser facilmente ligado, como veremos abaixo, à sua comercialização como o motor de uma economia global do conhecimento. Pois a mercantilização do conhecimento exige que os frutos do esforço científico sejam rompidos das correntes da vida, de seus fluxos e refluxos e de suas vinculações mútuas. Esta violação é efetuada pela metodologia: assim, quanto mais difícil a ciência, mais robusta

---

[209]. Holdrege (2005) oferece um excelente resumo do modo goethiano de fazer ciência.

é a metodologia. O efeito da competição incansável por "inovação" e "excelência" tem sido para alimentar uma espécie de corrida armamentista metodológica que afasta os cientistas ainda mais dos fenômenos que eles professam estudar, e cada vez mais em mundos virtuais criados por eles mesmos. No entanto, por mais tênue que seja a conexão com o real, ela não pode ser totalmente quebrada. Pois, no recurso final, não pode haver ciência sem observação, e nenhuma observação sem a atenção do observador está intimamente ligada aos aspectos do mundo com os quais se juntou. Destacar esses compromissos observacionais – atender às práticas da ciência em vez de seus protocolos – significa recuperar aqueles compromissos muito experienciais e performativos cuja metodologia se esforça tanto para encobrir. Pois, na prática, os cientistas também são habitantes dos subalternos, imersos em hapticalidade, sempre atentos e sensíveis aos murmuros e sussurros do ambiente. O químico Friedrich August Kekulé, em uma palestra recordando sua descoberta da estrutura da molécula de benzeno, ofereceu este conselho a todo jovem cientista: "observe toda pegada, todo galho torto, toda folha caída". Então, ele disse, você verá onde colocar os pés. Para Kekulé, a ciência era uma espécie de itinerário, ou, como ele chamava, de "busca de caminhos"[210].

Correspondendo às coisas nos processos de sua formação, em vez de apenas ser informado pelo que já veio à tona, o descobridor não apenas coleta, mas aceita o que o mundo tem a oferecer. É nesta profissão mais humilde, acredito, ao invés de arrogando para si a autoridade exclusiva para representar uma dada realidade, que a investigação científica pode convergir com a sensibilidade artística como uma maneira de conhecer o ser[211]. Mãos e mentes de cientistas, como as de artistas ou artesãos, absorvem em suas maneiras de trabalhar uma acuidade perceptiva sintonizada com os materiais que chamaram sua atenção e, como esses materiais variam, assim como a experiência resultante do trabalho com eles. Certamente, na prática, cientistas são diferenciados – tanto quanto artistas e antropólogos, e de fato pessoas em todos os lugares – pelas especificidades de sua experiência e pelas habilidades dela decorrentes, não pela demarcação territorial dos campos de estudo. A ciência, quando se torna arte, é tanto pessoal quanto carregada de sentimento; sua sabedoria nasce da imaginação e da experiência, e sua variedade de vozes pertence a todo mundo que a pratica, não a alguma autoridade transcendente para a qual servem indiferentemente como porta-vozes. E onde o caminho científico se junta com a arte da investigação, como na prática da antropologia, para crescer no conhecimento do mundo e, ao mesmo tempo, crescer para o conhecimento de si mesmo.

---

210. Kekulé, em Benfey, 1958, p. 23.

211. Ingold, 2013c, p. 747.

Pesquise e pesquise novamente[212]

Eu mostrei que a ciência tem potencial para ser uma arte de investigação e que, pelo mesmo viés, pode ser uma prática da ciência. Onde ciência e arte convergem, estão em busca de verdade. Por verdade, não quero dizer fato e não fantasia, mas o uníssono de experiência e imaginação em um mundo para o qual estamos vivos e que está vivo para nós. É um grande erro confundir a busca da verdade com a busca da objetividade. Pois, se a última prescreve que cortemos todos os laços com o mundo, a primeira exige nossa participação plena e sem qualificações. Isto exige reconhecimento do que devemos ao mundo por nossa própria existência e formação, como seres vivos dentro dele, bem como do que o mundo nos deve. A pesquisa, eu afirmo, é uma maneira de sustentar essa relação de endividamento mútuo. Como tal, implica tanto curiosidade e cuidado. Estamos curiosos sobre o bem-estar das pessoas que conhecemos e amamos, e nunca perdemos a oportunidade de perguntar como elas estão. Isto é porque nos preocupamos com elas. Não deveria ser o mesmo para o mundo ao nosso redor? Somos curiosos porque nos importamos. Preocupamo-nos com a Terra e todos os seus habitantes, humanos e não humanos. Preocupamo-nos com o passado, porque nos ajuda a conhecer melhor a nós mesmos e de onde viemos. E nós nos preocupamos com o futuro porque, quando partirmos, queremos deixar para trás um mundo que seja habitável para as gerações que vierem depois de nós. Em suma, curiosidade e cuidado são dois lados da mesma moeda. Essa moeda é a verdade. A pesquisa, então, é a busca da verdade através das práticas de curiosidade e cuidado.

É certo que a verdade pode significar coisas diferentes, dependendo da doutrina ou filosofia de um estudioso. O que é verdade para um físico pode não ser o que é para um teólogo, um antropólogo ou músico. No entanto, a busca da verdade é comum a todos. É sobre tentar acertar as coisas: empiricamente, intelectualmente, eticamente ou esteticamente. Embarcar em tal busca não é como entrar em um labirinto ou partir para uma caça ao tesouro, onde o objeto do desejo já está lá, pronto e esperando, como se alguém pudesse encontrá-lo. A verdade é uma aspiração: é o que buscamos, ansiamos, mas sempre foge do nosso alcance. Quanto mais perto chegamos, mais ela recua além do horizonte da conceitualização. A busca da verdade, então, não fornece respostas finais, nem é esse o seu objetivo. É antes suspender todo preconceito ou pressuposto, transformar toda certeza em questionamento. Você acha que já conhece a resposta? Certamente, não. Pesquise novamente e novamente! Isso – para procurar novamente – é o que a palavra "pesquisa" significa literalmente. Sem perspectiva de entrega

---

212. Apresentei nesta seção minhas respostas em diálogo com Judith Winter. Cf. Ingold e Winter, 2016.

definitiva à luz, a pesquisa é incessantemente a chave menor, sempre à sombra da iluminação. Pesquisa intensa e concentrada, como diz o filósofo educacional Tyson Lewis, tem uma qualidade infernal: "sem uma direção clara, sem uma metodologia clara, sem um fim à vista, tropeçamos na busca por novas pistas"[213]. Os estudiosos são almas ansiosas! No entanto, eles também têm esperança, pois, como uma tarefa itinerante da experimentação do paciente, a pesquisa converte cada fechamento em uma abertura, cada ponto final aparente em um novo começo. É o que garante que a vida possa seguir, em sua continuidade. E, por esse motivo, a pesquisa é uma responsabilidade primária dos vivos.

No entanto, como Dewey reconheceu, toda geração deve eventualmente dar lugar à próxima, e, na medida em que as vidas se sobrepõem, a continuidade depende de cada uma de suas funções no estabelecimento das condições de desenvolvimento para seus sucessores. É por isso que não pode haver pesquisa sem ensino. Todo estudo, como Rancière insistiu, é pesquisa e toda pesquisa necessariamente continua sob o olhar sempre vigilante de um mestre ou professor. "O mestre", diz Rancière, "é aquele que mantém o pesquisador em seu caminho, aquele que somente ele segue e continua seguindo"[214]. Tanto o ensino quanto a pesquisa são práticas de educação e ambas estão inextricavelmente ligadas da mesma maneira que, para Dewey, as gerações mais velhas e mais jovens contribuem para a formação uma da outra. Ensinar é o presente que a geração mais velha oferece à mais jovem – o presente que não possui – em troca diferida pelo presente que recebeu de seus antecessores. É assim que a vida e o conhecimento são levados adiante. E é por isso que a pesquisa, como a produção de novos conhecimentos, não se opõe ao ensino como sua disseminação. Esta oposição pertence à linguagem da explicação. Nesta linguagem, a pesquisa vem primeiro, e somente seus produtos acabados, seus resultados, são transmitidos pelo professor. A educação de estudantes é aqui interpretada como um complemento essencial à pesquisa, geralmente percebida por pesquisadores como uma tarefa indesejável e uma distração de suas principais preocupações. "Meu ensino", reclama o estudioso frustrado, "me deixa sem tempo para a pesquisa!" Reconhecendo que a pesquisa é algo que professores e alunos fazem juntos torna tais queixas absurdas. Pois a pesquisa não precede o ensino como produção para divulgação. Ela brota sob os olhos do ensino apenas para se tornar aqueles olhos, permitindo que uma nova geração comece sob seu olhar. Quando dizemos – como gostamos de fazer, e com razão – que nosso ensino é "guiado por pesquisas", isso não significa que nossos alunos recebam seus conhecimentos em primeiro lugar, e não em segunda mão. Significa, antes, que professores e alunos estão imersos juntos, como companhei-

---

213. Lewis, 2011, p. 592.

214. Rancière, 1991, p. 33.

ros e companheiras de viagem, em um *mi-lieu* – um "segundo rio", como Serres diria – dedicado à busca da verdade.

Agora, em nossa situação atual, idealizar a pesquisa como a busca da verdade, fundamentada em curiosidade e cuidado, provavelmente soará incorrigivelmente com olhos estrelados, até nostálgicos. "Seja real!" Eu ouvi você dizer. "Se você quer criar um mundo melhor para as gerações futuras, então tudo significa tentar, mas para fazer qualquer progresso, você precisará garantir financiamento, mostrar resultados e certificar-se de conquistar o dos seus concorrentes". Em suma, para fazer pesquisas e ter sucesso você tem que jogar um jogo, cujas regras e recompensas são determinadas pelos governos e corporações já trancadas na lógica inexorável da globalização. Essa lógica, no entanto, corrompeu o significado de "pesquisa" além do reconhecimento. Já não tem muito a ver com o tipo de estudo crítico que costumávamos chamar de "conhecimento". De fato, o conhecimento foi praticamente relegado à lixeira do trabalho acadêmico que é praticamente inútil, um dreno na bolsa pública e destinado à obscuridade. Pesquisas reais, como nos dizem, são sobre a produção de conhecimento, cujo valor deve ser medido por sua novidade e não por qualquer apelo à verdade. Atualmente, a maioria das pesquisas financiadas envolve a extração de grandes quantidades de "dados" e seu processamento por meio de programas em "saídas" que – em sua aplicação potencial – poderiam ter um "impacto". Na economia neoliberal do conhecimento, mudança e inovação estão na ordem do dia, pois como os recursos do planeta se exaurem em meio a uma competição cada vez mais intensa por retornos decrescentes, apenas o que é novo vende. Uma "pesquisa excelente", na linguagem macabra do capitalismo corporativo, "impulsiona a inovação".

É verdade que grande parte da pesquisa realizada no que é cada vez mais conhecido como "academia" não está voltada para a aplicação imediata. Diz-se que é dirigida pela curiosidade, ou "céu azul". Os cientistas têm se empenhado em defender seu direito de realizar pesquisas no céu azul, embora com consideráveis gastos públicos, apontando repetidamente uma série de descobertas que, apenas muito tempo depois de terem sido feitas, resultaram em um benefício tão prático que agora dependemos delas em nossas vidas cotidianas. Mas na terra da academia, a curiosidade tem sido divorciada do cuidado, livre da responsabilidade. Como importador líquido de serviços, a renda do setor acadêmico deriva de suas exportações de conhecimento, mas é deixada para quem compra o conhecimento determinar como deve ser aplicado, seja para construir bombas, curar doenças ou viciar mercados. Por que os cientistas deveriam se importar? Essa atitude, generalizada entre os praticantes das chamadas disciplinas STEM (ciências, tecnologia, engenharia e matemática), revela o grande apelo aos céus azuis para ser pouco mais que uma cortina de fumaça para a abjeta rendição da ciência ao modelo de mercado de produção de conhecimento. Isto equivale a uma defesa egoísta de interesses especiais cada vez mais concentrados nas mãos de uma elite científica global que, em conluio com as empresas que atendem, trata o resto do mundo – incluindo a vasta maioria de sua população humana cada vez mais empobrecida e aparentemente descartável – como pouco mais do que uma reserva permanente para o fornecimento de dados para alimentar o apetite insaciável da economia do conhecimento.

Na linguagem peculiar da política de pesquisa, a pesquisa que não é "céu azul" é classificada como "orientada para a prática" ou "orientada para o problema". Se for conduzida pela prática, deve dar origem a coisas novas, como obras de arte, arquitetura ou *design*; é criativa. Se for orientada por problemas, deve basear-se em conhecimento existente para conceber procedimentos para resolver problemas e entregar suas soluções; é aplicada. Você pode se perguntar, por um lado, que pesquisa não é prática em sua implementação? Ou que empreendimentos acadêmicos não são criativos? Por outro lado, você pode se perguntar se algum dos problemas para os quais somos chamados a resolver realmente têm suas soluções escondidas por dentro. Problemas reais, como vimos no capítulo 3, sempre excedem suas soluções e nunca são dissolvidos por elas. Está nesse excesso, e não na novidade de artefatos ou respostas levantadas ao longo do caminho, que encontra a genuína criatividade da pesquisa. Na busca da verdade, a pesquisa é tanto sobre a descoberta de perguntas na prática como também sobre como respondê-las por meio de prática, e a primeira transborda continuamente a segunda. Em suma, a pesquisa real não é orientada para a prática nem orientada para o problema, no sentido de que a prática ou o problema é o iniciador do qual tudo se segue; antes, práticas e problemas se engendram, como frango e ovo, no processo educacional de levar a vida. Nem é possível, nesse processo, afastar a curiosidade dos cuidados, pois, no final do dia, "cuidado, não impacto, é a marca da busca eticamente responsável pela verdade"[215].

Interdisciplinaridade antidisciplinar

Numa formulação que devemos à filosofia de Immanuel Kant, a tarefa do trabalho acadêmico é mapear os dados da experiência conforme eles são revelados aos sentidos, em todos os seus aspectos, abundância e complexidade, nos compartimentos apropriados da mente, de modo a tornar aparentes seus relacionamentos, conexões e disposições mútuas. A disciplina, nesta concepção, é entendida como um território particular, vigiado no interior da arquitetura da mente, assim como os fenômenos com os quais lida são destacados na arquitetura exterior do mundo. Mas o que aconteceria se repensássemos o

---

215. A frase é retirada do "Manifesto para recuperar nossa Universidade" (RoU, 2016, § 19).

conceito de disciplina da mesma maneira que repensamos as práticas da arte e da ciência, imaginando o estudioso-praticante não como aquele que luta contra os obstáculos e resistências que os objetos do conhecimento lançam em suas trilhas, esperando um avanço, mas como alguém que trabalha com as coisas, encontrando seus aspectos essenciais e dobrando-as para seu propósito de investigação? E se pensássemos no conhecimento, portanto, mais suave do que difícil – como um processo contínuo de diferenciação intersticial? A totalidade do conhecimento não pareceria ser um continente dividido em territórios ou campos de estudo, mas como uma malha emaranhada de caminhos ou linhas de interesse convergentes.

Todo estudioso, como ensinou Kekulé, é um descobridor, improvisando sua linhagem na medida em que avança, e seguindo quaisquer pistas, fragmentos de evidências, palpites ou conjecturas que surjam em seu caminho. Às vezes, numerosos caminhos convergem, e o estudioso pode encontrar-se seguindo trilhas que muitos já pisaram antes, na companhia daqueles que ainda as pisam agora. Mas a linha dele também pode divergir, entrando em matas inexploradas anteriormente ou juntando-se a outras convergências. O caminho do estudioso, no entanto, é contínuo. Quaisquer que sejam suas reviravoltas, curvas, ou suas convergências e divergências de outros caminhos, não atravessa fronteiras territoriais. Na prática, toda disciplina é uma convergência mais ou menos temporária: não um campo delimitado, mas uma ligação de linhas de interesse geradas por seus vários praticantes. E como a rotação continua na medida em que os praticantes seguem seu caminho, a disciplina é processual e aberta. Quando as disciplinas não oferecem mais um caminho a seguir, não fazem tanto um fragmento mas o desvendam, pois suas linhas constituintes flutuam em outras direções apenas com outras linhas em outras convergências. O emaranhado geral de linhas, percorrendo aqui e desvendando lá, compreende a grande tapeçaria do conhecimento na qual a busca pelo mesmo está sempre em tecelagem.

Hoje, no entanto, fala-se muito de interdisciplinaridade. Até agora, diz-se que estudiosos foram cercados por muros disciplinares. Eles precisam sair mais. Sem dúvida, isso tudo é para o bem. Sinto-me incomodado, no entanto, com a conotação do prefixo "inter-", em "interdisciplinar". Por seu efeito ser o de enfatizar a "intermediação" do empreendimento, como se as disciplinas fossem domínios fechados que pudessem ser conectados apenas por algum tipo de operação de ponte. Essa operação é inerentemente desemporalizada, cortando os caminhos do saber que compreende a disciplina em vez de seguir em frente. Da mesma forma, o conceito de interação atravessa os caminhos do movimento humano e se torna como o conceito de internacional, que perpassa toda a história das nações. Em todos os casos, o "inter-", o foco no intermediário, é cúmplice ao estabelecer as próprias fronteiras que supostamente atravessam. Nações se tornam Estados territoriais, atores se escrutinam um ao outro no vis-à-vis, e os estudiosos se encontram em lados opostos de cercas que não existiam antes.

Minha proposta é que reconcebamos o trabalho acadêmico – como de fato as histórias das nações e os processos da vida social – com base no princípio de união e não de outro[216]. Isto é substituir por interação uma correspondência de agências disciplinares que se deslocam juntas através do tempo. É pensar em conhecer como um devir que percorre não através e entre lugares, mas através e junto. Na prática, é claro, é assim que o conhecimento sempre foi feito, no meio do caminho. O conhecimento não vem mais com o território do que a nossa humanidade; como a última, é algo em que temos que trabalhar continuamente. O alegado "problema" da interdisciplinaridade não surge, portanto, no curso ordinário de trabalhos acadêmicos. Surge, antes, na territorialização do conhecimento: na tentativa de organizar o que é visto como o "resultado" do conhecimento, suas finalidades, nos compartimentos de um sistema total. Pois, para os construtores de sistemas organizacionais, o valor da interdisciplinaridade reside precisamente nas oportunidades que oferece para pensar holisticamente, em termos da totalidade de conhecimento acumulado.

Essa ambição, no entanto, pode impedir o conhecimento de três maneiras. Primeiro, quando a interdisciplinaridade se torna autoconsciente, quando a busca aberta de linhas de investigação ocupa um lugar secundário à formação e comunicação de identidades disciplinares fechadas. Nisso, o estender da atenção em comum dá lugar à afirmação daquilo que os profissionais já têm em comum, graças à transmissão de conteúdo disciplinar. Em segundo lugar, em uma arquitetura do conhecimento concebida como tendo uma estrutura segmentar, o caminho de uma disciplina para outra só pode ser negociado através dos blocos maiores dentro dos quais elas estão aninhadas. Em vez de seguir uma infinidade de caminhos entrelaçados, a comunicação é forçada a percorrer rotas arteriais entre esses blocos – como "ciências naturais", "ciências sociais", "artes" e "humanidades". E terceiro, pensar na disciplina como um compartimento dentro de uma estrutura arquitetônica é reduzi-la ao que realmente é, ou deveria ser – uma conversa entre companheiros de viagem seguindo linhas convergentes de interesse – para um corpo particular e organizado de dados, método e teoria. Em suma, o projeto de interdisciplinaridade, na medida em que atravessa, e não vai ao longo do caminho, e entre em vez de através, cria mais barreiras do que remove.

É por isso que meu apelo é para um tipo de disciplinaridade que é, paradoxalmente, antidisciplinar[217]. É antidisciplinar, na medida em que busca desfazer,

---

216. Tomo aqui o princípio da união da obra do grande geógrafo sueco Torsten Hägerstrand, 1976, p. 332.

217. Ingold, 2013b, p. 12.

em vez de reforçar, a territorialização do conhecimento – sua divisão em compartimentos limitados. Ao apelar para uma interdisciplinaridade antidisciplinar, eu quero celebrar a abertura do conhecimento por dentro, contra os fechamentos de totalização e compartimentação. Como observado acima, isso não é novo – é como os estudiosos sempre trabalharam. Conversas entre estudiosos de diferentes disciplinas vêm ocorrendo o tempo todo, como pano de fundo quase dado como certo às boas práticas. Por que, então, os pedidos de interdisciplinaridade se tornam tão insistentes? Essas chamadas vêm, em grande parte, não de estudiosos, mas de gerentes e financiadores de pesquisas. É na cabeça deles, e somente deles, que a noção da disciplina como um compartimento oculto do conhecimento persiste. São eles que insistem em comparar disciplinas a muros. Eles gostariam de ser capazes de projetar a interdisciplinaridade, fixando-a nas estruturas de governança e recursos de gestão. A eles pertence uma fórmula não para perguntas flexíveis e abertas, mas para a formalização, compartimentação e burocratização do conhecimento. Talvez seja apenas uma cortina de fumaça para maior gerenciamento e controle. Neste caso, devemos desafiá-lo. Nós o faremos, portanto, não fechando as portas de nossas respectivas disciplinas, mas refutando a ideia de que as disciplinas estão, ou já foram, fechadas umas para as outras. Elas nunca foram. Disciplinas não interagem, elas correspondem, e para também corresponderem, seus praticantes têm que entrar no fluxo do meio. E a antropologia, por excelência, é uma antidisciplina do meio do caminho. Sua vitalidade depende das correspondências da vida. Fora da corrente, e encalhada, ela simplesmente secaria.

Antropologia e a próxima universidade

A casa da antropologia sempre foi a universidade. Isto não é apenas porque as universidades são lugares onde a maioria dos antropólogos profissionais encontra emprego. A antropologia e a universidade se unem de uma maneira mais fundamental, que reside historicamente em um compromisso comum à universalidade: a universalidade do homem e a universalidade do conhecimento. Pelo menos desde o século XVIII, e o amanhecer na Europa desse grande projeto intelectual conhecido como Iluminismo, a instituição da universidade baseia-se em uma certa visão da singularidade da humanidade. Nós humanos podemos conhecer o mundo e a nós mesmos, supõe-se, de uma maneira que nenhum outro animal poderia. Outros animais, incapazes de se destacarem das condições de sua existência no mundo, não têm como saber as coisas como elas são. Somente os humanos podem transcender essas condições: eles podem romper com a natureza, vê-la objetivamente, de fora e também a si mesmos, refletidos em seu espelho. Ou, pelo menos, humanos mais iluminados e civilizados podem. Outras, as chamadas "nações selvagens" que as viagens de exploração lideradas pela Europa estavam descobrindo em todo o mundo, ainda pareciam se aquecer na ignorância de sua condição real, estar atoladas em costume e superstição, e viver vidas que eram um pouco melhores – e às vezes piores – do que as de animais. No entanto, eles também, ao contrário dos animais, eram dotados de mentes de igual capacidade à dos humanos em qualquer lugar e, portanto – novamente ao contrário dos animais –, poderiam transcender essas condições: eles poderiam romper com a natureza, vê-la objetivamente, de fora, e também a si mesmos, refletidos em seu espelho. Ou, pelo menos, humanos mais iluminados e civilizados poderiam. Outras, as chamadas "nações selvagens" que as viagens de exploração tentaram educar, poderiam ser elevadas da selvageria para a civilização. Foi tarefa específica da academia realizar essa missão educacional. Para os pensadores da iluminação, a universidade representava o pináculo da civilização, a vanguarda que puxaria o resto da humanidade, espalhando a luz do aprendizado para todas as nações e livrando seus cidadãos da ignorância, pobreza e subjugação.

Esses eram ideais nobres. Podem ter sido paternalistas e etnocêntricos, mas honoráveis e, no entanto, sustentados por um compromisso com o bem comum. Universidades eram instituições progressistas e suas aspirações legítimas eram apoiadas pela convicção do potencial humano compartilhado. E a antropologia, na medida em que se apegava aos mesmos ideais, era uma disciplina progressista. No entanto, é inegável que as universidades – e junto com elas, a antropologia – também foram responsáveis por inventar e reforçar a condição de selvageria, para não dizer cúmplice nos próprios regimes de opressão colonial dos quais elas ofereceram liberação, apenas para uma minoria privilegiada. Grande parte da história do século XX da antropologia foi pega nos dilemas decorrentes de seu desejo de admitir todas as nações ou culturas à "família do homem", enquanto continuou a servir como serva de um regime colonial que subjugou alguns para o benefício de outros. Com sua tradição de trabalho de campo de longo prazo, antropólogos foram expostos a esses dilemas em um grau não sentido pelos praticantes de outras disciplinas. Com base na experiência em primeira mão da vida real entre populações subalternas, eles estão entre os agentes mais vociferantes da crítica pós-colonial da modernidade do "oeste". Por algum tempo, essa crítica veio praticamente para definir a disciplina, colocando-a em desacordo com um estabelecimento acadêmico que continuou afirmando em princípio, e reproduzindo em prática, suas reivindicações à inteligência superior. De fato, nenhuma disciplina fez mais do que a antropologia, nas últimas décadas, para expor as relações de poder que sustentam hierarquias tradicionais do conhecimento ou para questionar as reivindicações da razão universal e da objetividade empírica sobre as quais repousam. Ao dedicar grande parte de sua energia a desafios de legitimidade dessas hierarquias e demonstrar a força e a integridade das formas de conhecimento enraizado em diversas práticas da vida cotidiana, a antropologia surgiu como talvez a mais virulenta antiacadêmica das disciplinas acadêmicas. Rasgando as fundações da Modernidade, parecia ter tentado derrubar as torres de marfim nas quais havia-se feito confortavelmente em casa.

Hoje, porém, estamos vivendo um momento histórico na história da universidade. Depois de quase três séculos, o modelo iluminista de produção de conhecimento acadêmico está à beira do colapso, se ainda não desmoronou, junto com poderes hegemônicos de outrora que a sustentaram. E como costuma acontecer nesses momentos, longe de atingir uma acomodação que se abriria a outras formas de conhecer e ser, e a vozes anteriormente silenciadas ou suprimidas, estamos testemunhando exatamente o oposto, com o surgimento por todos os lados de fundamentalismos fechados e hipócritas, sejam religiosos, políticos ou econômicos – da Igreja, Estado ou mercado. Juntos, esses movimentos representam uma experiência sem precedentes de ameaça ao futuro da democracia e da coexistência pacífica. As universidades, no entanto, estão atualmente fazendo pouco para lidar com essa ameaça. Pelo contrário, com o colapso de sua civilização "de cima para baixo" a missão deixou um vácuo que é prontamente preenchido pelos interesses corporativos. Como muitos outros organismos públicos, as universidades apresentam metas flexíveis para a lucratividade liderada pelo mercado. Mas não há sinal de que os regimes de gestão que arrogaram para si mesmos o negócio de controlar o que eles chamam de "setor" – nome para o que se tornou um negócio lucrativo – compreenderam adequadamente as questões em jogo. Sua visão míope para a educação é circunscrita por índices brutos de classificação e produtividade. O ensino é indexado por satisfação e empregabilidade do aluno; a pesquisa, por inovação e potencial comercial. Esses critérios não têm nada a ver com educação democrática e tudo a ver com reproduzir a economia do conhecimento, juntamente com a privação de direitos e a desigualdade inevitável que trazem. A missão educacional que as universidades herdaram da iluminação agora sobrevive apenas em nome, estampada em logotipos de marcas ou inscrita em declarações de missão banais. Minha própria instituição é típica de muitas: sua marca é a "iluminação", um pensamento de uma palavra com a qual se espera alcançar mercados em todo o mundo. A iluminação, ao que parece, está à venda, e você pode comprá-la aqui!

Para que as universidades preparem o caminho para um futuro sustentável, é imperativo que elas redefinam sua finalidade. Não apenas a educação deve ser restaurada na universidade, mas também, e talvez mais importante, a universidade deve ser restaurada para a educação. Pois a educação não é um setor – não é uma subdivisão da economia do conhecimento – mas um processo de levar a vida. Não é mais uma opção para as universidades se abrigarem por trás de apelos egoístas de imunidade acadêmica que deixou de ter força para além de suas paredes, nem podem simplesmente render-se às forças antidemocráticas que prefeririam vê-las destruídas ou tomadas. No mundo de hoje, precisamos de universidades mais do que nunca. Precisamos delas para trazer pessoas de todas as idades e de todas as nações juntas, através de suas múltiplas diferenças, e precisamos delas como lugares onde essas diferenças podem ser expressadas e debatidas em espírito ecumênico de tolerância, justiça e comunhão. Nenhum propósito é mais importante, e nenhuma instituição, fora a universidade, existe atualmente com capacidade para realizá-lo.

Além disso, para nenhuma disciplina além da antropologia esse objetivo já está tão profundamente inscrito em sua constituição. Para as principais qualidades da antropologia, generosidade, abertura, comparação e criticidade são precisamente as que virão a definir a finalidade educacional da universidade. Mais uma vez, como no auge do Iluminismo, os destinos da antropologia e da universidade estão unidos na caminhada. No entanto, como argumentei neste capítulo, para que a antropologia realize seu verdadeiro potencial emancipatório, é necessário que vá além da etnografia e mude do outro para o conjunto, de modo a trazer aqueles com quem estudamos à presença para podermos aprender com eles, debater com eles e até discordar deles – assim como eles podem aprender, debater e discordar. Essa é a maneira de criar um mundo sustentável, com espaço para todos. Mas esse também é certamente o caminho da próxima universidade. O futuro da antropologia, em suma, não é menor que o futuro da universidade. Será um futuro fundamentado nos princípios de liberdade e universalidade. Como conclusão, direi algumas palavras sobre cada uma.

A multiversidade, um mundo

A questão da liberdade é de grande importância para a educação, seja na escola ou na universidade e, na verdade, pela própria democracia. É uma liberdade oca, no entanto, que pode ser garantida apenas sujeitando o mundo em que é exercida a governança da necessidade mecânica. A consequência é inevitável, desde que a liberdade seja definida, como é nos discursos da maioria, em oposição à predeterminação. É essa a oposição que leva as pessoas da cultura, cujo mantra é a "liberdade de expressão" em campos como, por exemplo, arte e literatura, a imaginar que o comportamento de outras pessoas é culturalmente determinado, que leva os cientistas a imaginar que os povos indígenas estão presos à tradição, e isso leva os pedagogos a supor que as crianças ainda estão sob o domínio de predisposições inatas. Em todos os casos, a liberdade pode ser configurada apenas para alguns contra o chão do cativeiro para os outros. Essa é a liberdade de vontade. Em sua articulação moderna, assumiu o caráter de um direito, ou direito, a ser exercido por indivíduos – seja individual ou coletivamente – em defesa de seus interesses. Aplicado à universidade, leva a percepção de seus acadêmicos como um grupo de interesse, uma elite acadêmica, que protege ferrenhamente direitos e privilégios exclusivos fundados em uma reivindicação de superioridade intelectual e negados às pessoas menores que são consideradas meras beneficiárias da aprendizagem. Não deveria surpreender que apelos à liberdade acadêmica expressa nesses termos reduziu pouco o gelo de uma maneira mais ampla em relação à desconfiança da sociedade a todas as formas de elitismo e reivindicações de maior inteligência ou conhecimento.

Em sua apropriação da universidade moderna, no entanto, o conceito de liberdade tem sido falsificado. Como vimos no capítulo 3, o verdadeiro significado do conceito não está no que se tem, mas no que se é. A liberdade real não é uma propriedade, mas um modo de existência – uma maneira de ser fundamentalmente aberta aos outros e ao mundo, em vez de cercada por objetivos e finalidades. Essa liberdade não faz promessa de imunidade. Não oferece proteção, nem qualquer esconderijo. Pelo contrário, é uma forma de exposição. A verdadeira liberdade na academia repousa sobre a prontidão para abandonar o conforto das posições estabelecidas, correr o risco de ser empurrado para o desconhecido, onde os resultados são incertos e os destinos ainda não foram mapeados[218]. Essa é a liberdade dos menos favorecidos. Longe de fundar sua legitimidade na premissa de uma desigualdade original de inteligência, a verdadeira liberdade acadêmica assume por padrão que todos os seres humanos têm o mesmo intelecto e, da mesma forma, são igualmente livres. Assim, a liberdade de exercício por estudiosos não pode, em princípio, ser distinta da liberdade exercida por todo mundo; difere apenas na medida em que é uma intensificação dessa liberdade. A liberdade acadêmica é, nesse sentido, exemplar. Como cidadania, como humanidade, não é dada de bandeja, mas chega como uma tarefa que cabe a nós – como um dever que devemos aos outros. E como qualquer tarefa, ela deve ser executada. A liberdade é realizada, na academia, nas atividades de ensino, pesquisa e conhecimento, e exemplificada nas relações do acadêmico com os colegas, com os estudantes e com a sociedade em geral. É sempre trabalho em andamento; nós nunca podemos desistir dela e supôr que foi conquistada[219]. Como Dewey colocou, em um ensaio sobre "Individualidade e experiência", publicado em 1926, "liberdade [...] não é uma possessão ou um presente original. É algo a ser alcançado, a ser trabalhado"[220]. Essa é a liberdade não de vontade, mas do hábito.

Finalmente, com esse conceito de liberdade, o que acontece com a universalidade? O projeto da iluminação, como vimos, repousava na presunção de que

---

218. RoU, 2016, § 8.

219. Ibid., § 9.

220. Dewey, 1964, p. 156.

os seres humanos são iguais em sua posse inata das faculdades básicas da mente. Essa presunção se cristalizou em meados do século XIX, na doutrina da "unidade psíquica da humanidade", atribuída ao etnólogo e polímata alemão Adolf Bastian, de onde se tornou um princípio fundador da recém desenvolvida disciplina da antropologia. Axiomaticamente, os seres humanos diferem em todo o mundo, de maneiras e costumes, ou no que veio a ser chamado de "cultura", mas apenas graças a uma "capacidade de cultura" comum a todos. A educação, então, é entendida no sentido forte, como sendo o processo que preenche essa capacidade com conteúdo. Meu argumento ao longo desta obra tem sido contra esse forte senso de educação e, como corolário, contra a ideia de uma essência humana pela qual nossa espécie é supostamente libertada das determinações da natureza, e elevada acima do resto da criação. Devemos, então, desistir da universalidade? De modo nenhum. Mas temos que deixar de definir o universal em termos da atribuição anterior, a cada um e todo indivíduo, de uma essência comum. Todos nós habitamos um universo, com certeza, mas é um universo não do ser, mas do tornar-se, não de semelhança subjacente, mas da infinita e perpétua diferenciação. Nesse universo do tornar-se, embora cada um de nós possa ser diferente, essas diferenças são constituídas nos processos geradores da vida e através deles; eles não existem apesar disso. Em vez de separar universalidade e diferença em lados opostos de uma divisão entre natural e cultural, inato e adquirido, precisamos reuni-los novamente. Isso é reconhecer, com o filósofo Alain Badiou, que "o mundo único é precisamente o lugar onde existe um conjunto ilimitado de diferenças. [...] Longe de pôr em dúvida a unidade do mundo, essas diferenças são seu princípio de existência"[221].

Como devemos chamá-lo, esse mundo único? Em 1908, um século antes de Badiou, William James – filósofo pragmatista e porta-estandarte de Dewey – realizou as *Palestras Hibbert* na Universidade de Oxford, sob o título *Um universo pluralista*[222]. Ao contrário do universo monístico, o universo pluralista, ou o que James chamou de "multiverso", para abreviar, não tem limites de inclusão ou exclusão. Independentemente da parte ou elemento em que optar por focar, em qualquer nível de exclusividade ou inclusividade, sempre há um excesso de relações. As frases do mundo jamesiano nunca terminam: "nada inclui tudo ou domina sobre tudo. A palavra 'e' segue depois de cada frase. Algo sempre escapa"[223]. O multiverso, em resumo, é definido não pelo que seus participantes têm em comum, mas pela sua comunhão. É no curso da educação – levando a vida – que esse comum é continuado. Que a próxima universidade seja um lugar de comu-

---

221. Badiou, 2008, p. 39.

222. James, 2012.

223. Ibid., p. 167.

nhão; que seja uma multiversidade! E que deixe a antropologia, como o coração pulsante da universidade, ser multiversal em seu escopo! Mas nunca devemos perder de vista o princípio de que o multiverso é um mundo, no entanto, que é um plural singular[224], unido em vez de dividido por suas diferenças. Este mundo, se abrindo no meio de sua diferenciação, em toda a sua riqueza e profundidade, é onde estudamos. O único mundo é a nossa multiversidade.

---

224. Nancy, 2000.

Coda

Pronto, acabei. Este é o meu argumento completo. Mas, tendo estabelecido isto, me preocupo: tenho praticado o que prego? Não me esquivei de tomar uma posição, de partir exatamente das coisas de que eu sou a favor (atenção) e contra (transmissão). Eu fiz o meu melhor para escrever frases coerentes, cada uma começando com uma letra maiúscula e terminando com um ponto final. Eu me esforcei para garantir que essas sentenças e os vereditos que pronunciam sejam mutuamente consistentes e unidos. E depois de me juntar a eles, declaro que o trabalho terminou. O que argumentei? Que para restaurar o mundo à presença e permitir que a vida continue, nós devemos descer do nosso ponto de vista defensivo, deixar de lado as armas de combate e responder um ao outro com espírito de responsabilidade e cuidado. Eu argumentei que devemos libertar o pensamento do cárcere das sentenças, permitir que as coisas se desvendem e celebrar pontas soltas – pois, somente se houver essas duas pontas, as gerações que nos seguem podem começar de novo. Um livro que atenda a essas expectativas seria como uma paisagem. Quando você anda em uma paisagem, pode escolher – por razões de praticidade ou compromisso de tempo –começar aqui e terminar lá. Mas a própria paisagem continua e continua. Alguns livros são assim. Eles não começam em nenhum lugar em particular, continuam por algumas centenas de páginas e depois desaparecem no meio das coisas, deixando inúmeras pontas soltas para os leitores seguirem de acordo com suas inclinações. Esses livros não devem ser lidos de capa a capa. No entanto, como dar um passeio pela paisagem, você precisa apenas se aprofundar no texto em algum momento, continuar a segui-lo por um tempo, e você pode descobrir coisas que não havia notado antes.

O livro que acabei de escrever não é assim. Não me propus a fabular uma paisagem. Espero que você tenha lido do começo ao fim; em comparação a como os livros são geralmente, este não demanda tanto tempo, afinal! Mas também espero que, quando você for passear pela paisagem, seja terrestre ou textual, ela se abra para você de maneiras que possam causar motivo de curiosidade e cuidado. Talvez você se inspire para pesquisar e pesquisar novamente. Espero, em suma, que o livro abra algumas portas para a pesquisa de discursos majoritários que líderes da vida ou da educação fecharam firmemente. Para abrir portas, é claro, você precisa de uma chave, e essa chave precisa ser forjada com precisão e ser completa em sua configuração de ranhuras e entalhes. Além disso, essas ranhuras e entalhes devem ser cortados de forma que neguem, todas as vezes, os pontos embutidos na fechadura. Neste livro, pretendi criar uma chave dessas. Inevitavelmente, então, ela tem algo do caráter da fechadura que ela abre. Que, em qualquer nível, é a minha desculpa. Se você acha convincente ou apenas um caso de defesa especial, deixo para você – leitor – a tarefa de decidir. Vou apenas encerrar com uma observação. Em 15 de janeiro de 2017, escrevi a mais breve das entradas no meu caderno: "Terminei o último capítulo hoje!" Este era o mesmo caderno de bolso em que muitas das frases deste livro foram confeccionadas, e – com lápis e óculos – constituem uma parte essencial do kit de ferramentas dos meus escritos. A maior parte das frases escritas no caderno estão inacabadas e são um pouco indelicadas. E verifica-se que a pequena nota de 15 de janeiro não tinha sido finalizada. Com o passar dos dias, logo foi dominado por mais rabiscos quando o momento da inscrição se aproximou e a distância desapareceu. Esses rabiscos terão que esperar por outro trabalho. Mas eles me dão confiança de que há vida além do livro – além da minha escrita e da sua leitura. Posso terminar de escrever e você pode terminar de ler, mas a vida continua. E assim, felizmente, se faz Educação.

Referências

AGRAWAL, A. (1995). "Dismantling the divide between indigenous and scientific knowledge". In: *Development and Change*, 26, p. 413-439.

ALPERS, S. (1983). *The Art of Describing* – Dutch Art in the Seventeenth Century. Londres: Penguin.

ARENDT, H. (1958). *The Human Condition*. Chicago, IL: University of Chicago Press.

BADIOU, A. (2008). "The communist hypothesis". In: *New Left Review*, 49, p. 29-42.

BAMFORD, S. & LEACH, J. (eds.) (2009). *Kinship and Beyond* – The Genealogical Model Reconsidered. Oxford: Berghahn.

BARAD, K. (2007). *Meeting the Universe Halfway*. Durham, NC: Duke University Press.

BARON-COHEN, S.; LOMBARDO, M. & TAGER-FLUSBERG, M. (eds.) (1993). *Understanding OtherMinds* – Perspectives from Developmental Social Neuroscience. Oxford: Oxford University Press.

BENFEY, O.T. (1958). "August Kekulé and the birth of the structural theory of organic chemistry in 1858". In: *Journal of Chemical Education*, 35, p. 21-23.

BIESTA, G. (2006). *Beyond Learning* – Democratic Education for a Human Future. Boulder, CO: Paradigm Publishers.

BIESTA, G.J.J. (2013). *The Beautiful Risk of Education*. Boulder, CO: Paradigm Publishers.

BLACKMORE, S. (2000). *The Meme Machine*. Oxford: Oxford University Press.

BLOCH, M. (2005). *Essays on Cultural Transmission*. Oxford: Berg.

BOESCH, C. (2003). "Is culture a golden barrier between human and chimpanzee?" In: *Evolutionary Anthropology*, 12, p. 82-91.

_____ (1991). "Teaching in wild chimpanzees". In: *Animal Behavior*, 41, p. 530-532.

BOESCH, C. & TOMASELLO, M. (1998). "Chimpanzee and human cultures". In: *Current Anthropology*, 39 (5), p. 591-614.

BOLLIER, D. & HELFRICH, S. (eds.) (2015). *Patterns of Commoning*. Amherst, MA: Levellers Press.

BOURDIEU, P. (1977). *Outline of a Theory of Practice*. Cambridge, UK: Cambridge University Press [Trad. de R. Nice].

BURRIDGE, K. (1975). "Other people's religions are absurd". In: VAN BEEK, W.E.A. & SCHERER, J.H. (eds.). *Explorations in the Anthropology of Religion*: Essays in Honour of Jan van Baal. The Hague: Martinus Nijhoff, p. 8-24.

CAGE, J. (2011). *Silence* – Letters and Writings by John Cage. 50th Anniversary Edition. Middletown, CT: Wesleyan University Press.

CARLISLE, C. (2014). *On Habit*. Abingdon: Routledge.

CARO, T.M. & HAUSER, M.D. (1992). "Is there teaching in nonhuman animals?" In: *The Quarterly Review of Biology*, 67 (2), p. 151-174.

CRUIKSHANK, J. (1998). *The Social Life of Stories* – Narrative Knowledge in the Yukon Territory. Lincoln: University of Nebraska Press.

DAWKINS, R. (1976). *The Selfish Gene*. Oxford: Oxford University Press.

DELEUZE, G. & GUATTARI, F. (2004). *A Thousand Plateaus* – Capitalism and Schizophrenia. Londres: Continuum [Trad. de B. Massumi].

DESCOLA, P. (2013). *Beyond Nature and Culture*. Chicago, IL: University of Chicago Press [Trad. de J. Lloyd].

_____ (2005). "On anthropological knowledge". In: *Social Anthropology*, 13 (1), p. 65-73.

DEWEY, J. (2015). *Experience and Education*. Nova York: Free Press.

_____ (1987). "Art as experience". In: BOYDSTON, J.A. (ed.). *John Dewey* – The Later Works (1925-1953). Vol. 10: 1934). Carbondale, IL: Southern Illinois University Press.

_____ (1966). *Democracy and Education* – An Introduction to the Philosophy of Education. Nova York: Free Press [Publicado originalmente em 1916].

_____ (1964). *John Dewey on Education* – Selected Writings. Chicago, IL: University of Chicago Press [Ed. R.D. Archambault].

DURHAM, W.H. (1991). *Coevolution* – Genes, Culture and Human Diversity. Stanford, CA: Stanford University Press.

EDER, D.J. (2007). "Bringing Navajo storytelling practices into schools: The importance of maintaining cultural integrity". In: *Anthropology & Education Quarterly*, 38 (3), p. 278-296.

ESPOSITO, R. (2012). *Terms of the Political* – Community, Immunity, Biopolitics. Nova York: Fordham University Press [Trad. de R.N. Welch].

FABIAN, J. (1983). *Time and the Other* – How Anthropology Makes its Object. Nova York: Columbia University Press.

FOSTER, H. (1995). "The artist as ethnographer?" In: MARCUS, G.E. & MYERS, F.R. (eds.). *The Traffic in Culture* – Refiguring Art and Anthropology. Berkeley, CA: University of California Press, p. 302-309.

GELL, A. (1996). "Vogel's net: Traps as artworks and artworks as traps". In: *Journal of Material Culture*, 1 (1), p. 15-38.

_____ (1985). "How to read a map: Remarks on the practical logic of navigation". In: *Man* (N.S.), 20, p. 271-286.

GIBSON, J.J. (1979). *The Ecological Approach to Visual Perception*. Boston: Houghton Mifflin.

HÄGERSTRAND, T. (1976). "Geography and the study of the interaction between nature and society". In: *Geoforum*, 7, p. 329-334.

HARNEY, S. & MOTEN, F. (2013). *The Undercommons* – Fugitive Planning and Black Study. Wivenhoe: Minor Compositions.

HATLEY, J.D. (2003). "Taking phenomenology for a walk: The artworks of Hamish Fulton". In: ITKONEN, M. & BACKHAUS, G. (eds.). *Lived Images*: Mediations in Experience, Life-World and I-hood. Jyväskylä: University of Jyväskylä Press, p. 194-216.

HOLDREGE, C. (2005). "Doing Goethean Science". In: *Janus Head*, 8, p. 27-52.

HOME-COOK, G. (2015). *Theatre and Aural Attention* – Stretching Ourselves. Basingstoke: Palgrave Macmillan.

INGOLD, T. (2016a). "A naturalist abroad in the museum of ontology: Philippe Descola's Beyond Nature and Culture". In: *Anthropological Forum*, 26 (1), p. 301-320.

_____ (2016b). *Evolution and Social Life*. Abingdon: Routledge.

_____ (2015). *The Life of Lines*. Abingdon: Routledge.

_____ (2014a). "The creativity of undergoing". In: *Pragmatics & Cognition*, 22 (1), p. 124-139.

_____ (2014b). "That's enough about ethnography!" In: *HAU*: Journal of Ethnographic Theory, 4 (1), p. 383-395.

_____ (2013a). "Prospect". In: INGOLD, T. & PALSSON, G. (eds.). *Biosocial Becomings* – Integrating Social and Biological Anthropology. Cambridge, UK: Cambridge University Press, p. 1-21.

_____ (2013b). *Making*: Anthropology, Archaeology, Art and Architecture. Abingdon: Routledge.

_____ (2013c). "Dreaming of dragons: On the imagination of real life". In: *Journal of the Royal Anthropological Institute* (N.S.), 19, p. 734-752.

_____ (2011). *Being Alive* – Essays on Movement, Knowledge and Description. Abingdon: Routledge.

_____ (2007). *Lines*: A Brief History. Abingdon: Routledge.

_____ (2005). "Time, memory and property". In: WIDLOK, T. & TADESSE, W.G. (eds.). *Property and Equality* – Vol. 1: Ritualisation, Sharing, Egalitarianism. Oxford: Berghahn, p. 165-174.

_____ (2002). "Between evolution and history: Biology, culture, and the myth of humanorigins". In: *Proceedings of the British Academy*, 112, p. 43-66.

_____ (2001). "From the transmission of representations to the education of attention". In: WHITEHOUSE, H. (ed.). *The Debated Mind*: Evolutionary Psychology versus Ethnography. Oxford: Berg, p. 113-153.

_____ (2000). *The Perception of the Environment* – Essays on Livelihood, Dwelling and Skill. Londres: Routledge.

INGOLD, T. & KURTTILA, T. (2000). "Perceiving the environment in Finnish Lapland". In: *Body and Society*, 6 (3-4), p. 183-196.

INGOLD, T. & WINTER, J. (2016). "Pursuing truth". In: *Archis*, 48, p. 43-48.

JACKSON, M. (2013). *Essays in Existential Anthropology*. Chicago, IL: Chicago University Press.

_____ (1989). *Paths Toward a Clearing* – Radical Empiricism and Ethnographic Inquiry. Bloomington, IN: Indiana University Press.

JAMES, W. (2012). *A Pluralistic Universe* [1909]. Auckland, NZ: The Floating Press.

KANDINSKY, W. (1979). *Point and Line to Plane*. Mineola, NY: Dover Publications [Trad. de H. Dearstyne e H. Rebay; ed. H. Rebay].

LAVE, J. (2011). *Apprenticeship in Critical Ethnographic Practice*. Chicago, IL: University of Chicago Press.

_____ (1990). "The culture of acquisition and the practice of understanding". In: STIGLER, J.W.; SHWEDER, R.A. & HERDT, G. (eds.).*Cultural Psychology* – Essays on Comparative Human Development. Cambridge, UK: Cambridge University Press, p. 309-327.

LAVE, J. & WENGER, E. (1991). *Situated Learning* – Legitimate Peripheral Participation. Cambridge, UK: Cambridge University Press.

LEVI-STRAUSS, C. (1964). *Totemism*. Londres: Merlin Press [Trad. de R. Needham].

LEWIS, D. (1975). *We, the Navigators* – The Ancient Art of Landfinding in the Pacific. Canberra: Australian National University Press.

LEWIS, T.E. (2011). "Rethinking the learning society: Giorgio Agamben on studying, stupidity, and impotence". In: *Studies in Philosophy and Education*, 30, p. 585-599.

LINGIS, A. (1994). *The Community of Those Who Have Nothing in Common*. Bloomington, IN: Indiana University Press.

LOWIE, R.H. (1937). *The History of Ethnological Theory*. Londres: Harrap.

_____ (1921). *Primitive Society*. Londres: Routledge & Kegan Paul.

MANNING, E. (2016). *The Minor Gesture*. Durham, NC: Duke University Press.

MASSCHELEIN, J. (2011). "Experimentum scholae: The world once more... but not (yet)finished". In: *Studies in Philosophy and Education*, 30, p. 529-535.

_____ (2010a). "The idea of critical e-ducational research – e-ducating the gaze andinviting to go walking". In: GUR-ZE'EV, I. (ed.). *The Possibility/Impossibility of a New Critical Language of Education*. Rotterdam: Sense Publishers, p. 275-291.

_____ (2010b). "E-ducating the gaze: The idea of a poor pedagogy". In: *Ethics and Education*, 5 (1), p. 43-53.

MASSCHELEIN, J. & SIMONS, M. (2014). "The university in the ears of its students: On the power, architecture and technology of university lectures". In: RICKEN, N.; KOLLER, H.-C. & KEINER, K. (eds.). *Die Idee der Universität* – Revisited. Wiesbaden: Springer Fachmedien, p. 173-192.

_____ (2013). *In Defence of the School* – A Public Issue. Leuven: E-ducation, Culture & Society Publishers [Trad. de J. McMartin].

MAUSS, M. (1979). "Body techniques". In: *Sociology and Psychology* – Essays. Londres: Routledge & Kegan Paul, p. 97-123.

MENZIES, H. (2014). *Reclaiming the Commons for the Common Ground*. Gabriola Island, BC: New Society Publishers.

NADASDY, P. (2003). *Hunters and Bureaucrats* – Power, Knowledge and Aboriginal-State Relations in the Southwest Yukon. Vancouver: UBC Press.

NANCY, J-L. (2000). *Being Singular Plural*. Stanford, CA: Stanford University Press [Trad. de R.D. Richardson e A.E. O'Byrne].

ORTEGA Y GASSET, J. (1961). *History as a System, and Other Essays Toward a Philosophy of History*. Nova York: W.W. Norton.

OYAMA, S. (1985). *The Ontogeny of Information* – Developmental Systems and Evolution. Cambridge, UK: Cambridge University Press.

PAUL, R.A. (2015). *Mixed Messages* – Cultural and Genetic Inheritance in the Constitution of Human Society. Chicago, IL: Chicago University Press.

PENNAC, D. (2010). *School Blues*. Londres: MacLehose Press [Trad. de S. Ardizzone].

PLUTARCH (1992). "On listening". In: *Essays*. Londres: Penguin [Trad. de R. Waterfield].

POLANYI, M. (1966). *The Tacit Dimension*. Londres: Routledge & Kegan Paul.

_____ (1958). *Personal Knowledge* – Towards a Post-Critical Philosophy. Londres: Routledge & Kegan Paul.

PREMACK, D. & PREMACK, A.J. (1994). "Why animals have neither culture nor history". In: INGOLD, T. (ed.). *Companion Encyclopedia of Anthropology*: Humanity, Culture and Social Life. Londres: Routledge, p. 350-365.

RADCLIFFE-BROWN, A.R. (1957). *A Natural Science of Society*. Nova York: Free Press.

_____ (1952). *Structure and Function in Primitive Society*. Londres: Cohen & West.

RANCIERE, J. (1991). *The Ignorant Schoolmaster* – Five Lessons in Intellectual Emancipation. Stanford, CA: Stanford University Press [Trad. de K. Ross].

ROU (2016). *Reclaiming our University* – The Manifest [Disponível em https://reclaimingouruniversity.files.wordpress.com/2016/10/reclaiming-manifestofinal.pdf – Acesso em 17/02/2017].

RICHERSON, P.J. & BOYD, R. (2008). *Not by Genes Alone* – How Culture Transformed Human Evolution. Chicago, IL: Chicago University Press.

_____ (1978). "A dual inheritance model of the human evolutionaryprocess, I: Basic postulates and a simple model". In: *Journal of Social and Biological Structures*, 1, p. 127-154.

RIVERS, W.H.R. (1968). "The genealogical method of anthropological inquiry". In: RIVERS, W.H.R. (ed.). *Kinship and Social Organization*. Londres: Athlone Press.

ROGOFF, B. (2003). *The Cultural Nature of Human Development*. Nova York: Oxford University Press.

_____ (1990). *Apprenticeship in Thinking* – Cognitive Development in Social Context. Nova York: Oxford University Press.

RORTY, R. (1980). *Philosophy and the Mirror of Nature*. Princeton, NJ: Princeton University Press.

SANSI, R. (2015). *Art, Anthropology and the Gift*. Londres: Bloomsbury Academic.

SCHÜTZ, A. (1962). *The Problem of Social Reality*. The Hague: Nijhoff [Collected papers I. Ed. de M. Natanson].

SERRES, M. (1997). *The Troubadour of Knowledge*. AnnArbor, MI: University of Michigan Press [Trad. de S.F. Glaser e W. Paulson].

SPERBER, D. (1996). *Explaining Culture*. A Naturalistic Approach. Oxford: Blackwell.

STOUT, D. (2005). "The social and cultural context of stone-knapping and skill acquisition". In: ROUX, V. & BRIL, B. (eds.). *Stone Knapping* – The Necessary Conditions for a Uniquely Hominin Behaviour. Cambridge: McDonald Institute for Archaeological Research, p. 331-340.

TURNBULL, D. (1991). *Mapping the World in the Mind*: An Investigation of the Unwritten Knowledge of the Micronesian Navigators. Geelong: Deakin University Press.

TYLOR, E.B. (1871). *Primitive Culture*. 2 vol. Londres: John Murray.

VERGUNST, J.L. (2008). "Taking a trip and taking care in everyday life". In: INGOLD, T. & LEE VERGUNST, J. (eds.). *Ways of Walking* – Ethnography and Practice on Foot. Aldershot: Ashgate, p. 105-121.

VYGOTSKY, L. (1978). *Mind in Society* – The Development of Higher Psychological Processes. Cambridge, MA: Harvard University Press.

WAGNER, R. (2016). *The Invention of Culture*. 2. ed. Chicago, IL: Chicago University Press.

WEISS, P. (1995). *Kandinsky and the Old Russia* – The Artist as Ethnographer and Shaman. New Haven, CT: Yale University Press.

WIEMAN, H.N. (1961). *Intellectual Foundations of Faith*. Londres: Vision Press.

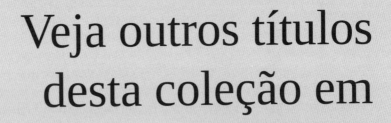

Veja outros títulos desta coleção em

LIVRARIAVOZES.COM.BR/COLECOES/ANTROPOLOGIA

ou pelo Qr Code

Conecte-se conosco:

f facebook.com/editoravozes

◎ @editoravozes

𝕏 @editora_vozes

▶ youtube.com/editoravozes

◯ +55 24 2233-9033

www.vozes.com.br

Conheça nossas lojas:
www.livrariavozes.com.br

Belo Horizonte – Brasília – Campinas – Cuiabá – Curitiba
Fortaleza – Juiz de Fora – Petrópolis – Recife – São Paulo

  Vozes de Bolso

EDITORA VOZES LTDA.
Rua Frei Luís, 100 – Centro – Cep 25689-900 – Petrópolis, RJ
Tel.: (24) 2233-9000 – E-mail: vendas@vozes.com.br